中国语言资源保护工程

曹志耘 王莉宁 李锦芳 主编

中国语言文化典藏·苍南

徐丽丽 著

商务印书馆
SINCE 1897
The Commercial Press

　　随着现代化、城镇化的快速发展,我国的语言方言正在迅速发生变化,而与地域文化相关的语言方言现象可能是其中变化最剧烈的一部分。也许我们还会用方言说"你、我、他",但已无法说出婚丧嫁娶各个环节的方言名称了。也许我们还会用方言数数,但已说不全"一膼穷,两膼富……"这几句俗语了。至于那些世代相传的山歌、引人入胜的民间故事,更是早已从人们的生活中销声匿迹。而它们无疑是语言方言的重要成分,更是地域文化的精华。遗憾的是,长期以来,我们习惯于拿着字表、词表去调查方言,习惯于编同音字汇、编方言词典,而那些丰富生动的方言文化现象往往被忽略了。

　　2017 年,中共中央办公厅、国务院办公厅《关于实施中华优秀传统文化传承发展工程的意见》首次提出"保护传承方言文化"。2020 年,国务院办公厅《关于全面加强新时代语言文字工作的意见》明确提出"科学保护方言和少数民族语言文字"。语言方言及其文化的保护传承写进党和政府的重要文件,具有重要的历史意义。党中央、国务院的号召无疑是今后一个时期内,我国语言文字工作领域和语言学界、方言学界的重要使命,需要我们严肃对待,认真落实。

　　中国语言资源保护工程于 2015 年启动,已于 2019 年顺利完成第一期建设任务。针对我国传统语言方言文化现象快速消失的严峻形势,语保工程专门设了 102 个语言文化调查点(包括 25 个少数民族语言文化点和 77 个汉语方言文化点),按照统一规范对语言方言文化现象开展实地调查和音像摄录工作。

　　为了顺利开展这项工作,我们专门编写出版了《中国方言文化典藏调查手册》(商务印书馆,2015 年)。手册制定了调查、语料整理、图册编写、音像加工、资料提交各个阶段的工作规范;并编写了专用调查表,具体分为 9 个大类:房屋建筑、日常用具、服饰、饮食、农工百艺、日常活动、婚育丧葬、节日、说唱表演,共 800 多个调查条目。

调查方法采用文字和音标记录、录音、摄像、照相等多种手段。除了传统的记音方法以外，还采用先进的录音设备和录音软件，对所有调查条目的说法进行录音。采用高清摄像机，与录音同步进行摄像；此外，对部分语言方言文化现象本身（例如婚礼、丧礼、春节、元宵节、民歌、曲艺、戏剧等）进行摄像。采用高像素专业相机，对所有调查条目的实物或活动进行拍照。

这项开创性的调查工作获得了大量前所未有的第一手材料。为了更好地保存利用这批珍贵材料，推出语保工程标志性成果，在教育部语言文字信息管理司的领导下，在商务印书馆的鼎力支持下，在各位作者、编委、主编、编辑和设计人员的共同努力下，我们组织编写了《中国语言文化典藏》系列丛书。经过多年的努力，现已完成 50 卷典藏书稿，其中少数民族语言文化典藏 13 卷，汉语方言文化典藏 37 卷。丛书以调查点为单位，以调查条目为纲，收录语言方言文化图片及其名称、读音、解说，以图带文，一图一文，图文并茂，EP 同步。每卷收图 600 幅左右。

我们所说的"方言文化"是指用特殊方言形式表达的具有地方特色的文化现象，包括地方名物、民俗活动、口彩禁忌、俗语谚语、民间文艺等。"方言文化"是一个新的研究领域，需使用的调查、整理、加工方法对于我们当中很多人来说都是陌生的，要编写的图册亦无先例可循。这项工作的挑战性可想而知。

在此，我要向每一个课题的负责人和所有成员道一声感谢。为了完成调查工作，大家不畏赤日之炎、寒风之凛，肩负各种器材，奔走于城乡郊野、大街小巷，记录即将消逝的乡音，捡拾散落的文化碎片。有时为了寻找一个旧凉亭，翻山越岭几十里路；有时为了拍摄丧葬场面，与送葬亲友一同跪拜；有人因山路湿滑而摔断肋骨，住院数月；有人因贵重设备被盗而失声痛哭……在面临各种困难的情况下，大家能够为了一个共同的使命，放下个人手头的事情，不辞辛劳，不计报酬，去做一项公益性的事业，不能不让人为之感动。

然而，眼前的道路依然崎岖而漫长。传统语言方言文化现象正在大面积地快速消逝，我们在和时间赛跑，而结果必然是时间获胜。但这不是放弃的理由。著名人类学家弗雷泽说过："一切理论都是暂时的，唯有事实的总汇才具有永久的价值。"谨与大家共勉。

曹志耘

2022 年 4 月 13 日

目录

一　苍南

苍南县隶属于浙江省温州市，素有浙江"南大门"之称。地理坐标为北纬27°30′，东经120°23′，位于浙江省东南部，为省内沿海最南端，东濒临东海，西南毗连福建省福鼎市，西邻泰顺县，北与平阳、文成两县接壤。因地处玉苍山之南，故名。

苍南属亚热带海洋性季风气候，冬暖夏凉，水产、矿产、旅游资源丰富，四季柚、梭子蟹、文蛤、紫菜、马蹄笋、甜橙、茶叶等特产闻名遐迩。地势西南高东北低，呈三角形地带，西南有5座千米以上的山峰挺拔其间，地势高峻，沟源区多峭壁、瀑布；东北端为鳌江口，地势低平，标高仅3—5米，是河网密布的平原，其中1800米的渔寮大沙滩为我国罕见的沿海大陆聚沙滩。年平均气温18℃，年平均降水量1670.1毫米。总面积1079.34平方千米，海域面积约2740平方千米，海岸线长206千米。

历史上的苍南，春秋时为东越瓯人地。战国时属越。秦时属闽中郡。西汉高帝五年（公元前202年）于闽中故地置闽越国，属闽越国。汉惠帝三年（公元前192年）立驺摇为东海王（世称"东瓯王"），都东瓯（今温州），为东海辖地。汉武帝时，东瓯举国内迁江淮间，国除。西汉昭帝始元二年（公元前85年），属回浦县。此后，历属章安、永宁、罗阳、安阳、安固、始阳、横阳、永嘉、平阳等县。1981年独立设县，县城设在灵溪镇。

　　截至2022年，苍南县辖16个镇：灵溪镇、宜山镇、钱库镇、藻溪镇、桥墩镇、金乡镇、矾山镇、赤溪镇、马站镇、望里镇、炎亭镇、大渔镇、莒溪镇、南宋镇、霞关镇、沿浦镇；2个民族乡：凤阳畲族乡、岱岭畲族乡。辖54个社区、354个行政村、19个居委会。

（以上资料整理自苍南县人民政府门户网站）

二 蛮话

（一）概述

苍南的方言有闽南话、温州话、蛮话、金乡话和畲话。闽南话属于闽语闽南片浙东南小片，温州话属于吴语瓯江片，蛮话属于闽语闽东片蛮话小片，金乡话为吴语方言岛，畲话为客家方言。

其中，蛮话的归属在方言学界曾引起热议，主要涉及两个方面的问题：一是蛮话究竟是吴语还是闽语，二是蛮话究竟是本土方言还是闽东移民带来的方言。关于第一个问题，现在学界基本认同蛮话是一种闽东方言，理由主要是蛮话虽表层近吴语，但是底层，尤其是口语词多同闽东方言。而关于第二个问题，我们比较认同陶寰（2015）的解释，即这一带的方言在历史上很有可能同属一个方言区域，保留了较多的古吴语特征，只是由于受后世吴语权威方言影响的大小不同、时间长度不一，才使得它们的面貌呈现出一定的差异。

蛮话主要分布在苍南县的东部沿海地区。本书所说的"蛮话地区"是指蛮话分布的区域，主要包括钱库、龙港、金乡、望里、炎亭、宜山等镇，当地将这一带俗称为"江南垟"[kɔ⁴⁴nẽ¹⁴iɔ³²³]。其中，"钱库"[zai²²kʰu⁵¹]是蛮话地区的中心城镇，当地人认为钱库蛮话最为正宗。（"钱"在蛮话中音 [zi²²⁴]，"钱库"旧作"前库"，故音不合。）蛮话内部有口音的区别，可以分为"南向腔"和"北向腔"："南向腔"主要分布在钱库、金乡等地区，与闽南话相邻；"北向腔"主要分布在龙港、宜山等地区，与温州话相邻。

根据县志、族谱等材料的记载，从唐朝开始，蛮话地区就有家族从福建长溪赤岸一带（今霞浦等地）迁入。截至 2018 年底，苍南县常住总人口 135 万人，蛮话人口约 30 万，约占全县人口的四分之一。

蛮话人多为单言人，边缘地区兼说其他方言，比如兼用温州话、闽南话。20 世纪 80 年代以来，蛮话地区的工商业飞速发展，经商的人大多能说不太标准的温州话和普通话。但随着文教事业的发展和人口流动的频繁，1990 年以后出生的人大多直接使用普通话，会蛮话的并不多，因此蛮话的保护和保存迫在眉睫。

（二）声韵调

以下以钱库镇东西街方言为准。

1. 声母 28 个，包括零声母在内。例字右下角的"1"表示又读音当中最常用或最口语化的读音，"2"次之

p 八兵飞₁	pʰ 派片	b 病爬肥₁饭	m 麦明味问₁	f 飞₂副云₁	v 肥₂问₂活
t 多东张竹	tʰ 讨天抽	d 甜毒柱	n 脑南泥		l 老蓝连路
ts 资争纸	tsʰ 刺拆抄	dz 茶		s 丝三酸山双	z 字贼坐祠事十
tɕ 酒主	tɕʰ 清春手轻	dʑ 权	ȵ 年热软月	ɕ 想书响	ʑ 全谢船顺城
k 高九	kʰ 课	g 共	ŋ 熬	h 风蜂好灰	
∅ 县安温王云₂用药					

说明：蛮话的全浊声母，读单字时已经清化，但在词汇里有浊音保留的情况。本书词条按实际读音标出浊音，故音系里记出浊音。

2. 韵母 38 个，包括自成音节的 [m] [ŋ] [l] 在内

ɿ 师丝试戏	i 写米二	u 歌过苦	y 靴猪尺绿
a 开₂盒鸭白	ia 丫	ua 夸怪	
ø 坐赔对飞₁短寸			
e 来在			
ɔ 饱豆走学₂	iɔ 晓	uɔ 我	
o 茶			
ai 排鞋快灯		uai 鬼	
ɑu 宝学₁	iɑu 油		
	iəu 笑桥		
ɐ̃ 硬争病横	iɐ̃ 兄	uɐ̃ 梗	
ɛ̃ 南山半		uɛ̃ 官	
ɔ̃ 牙瓦糖王讲	iɔ̃ 响床		
	ĩ 盐年		ỹ 权
əŋ 根₂云₁		uəŋ 滚	
oŋ 双东	ioŋ 根₁春云₂用		
	iŋ 心深新升星		
əʔ 塔十辣活托壳北锡六	iəʔ 接急热七药直局	uəʔ 刮骨	
m̩ 母₁			
ŋ̍ 五			
l̩ 儿而			

3. 单字调 7 个

阴平	[44]	东该灯风通开天春
阳平	[224]	铜皮糖红门龙牛油
阴上	[14]	懂古鬼九统苦讨草买老谷
阴去	[51]	冻怪半四痛快寸去树百
阳去	[22]	洞地饭卖路硬乱五有动罪近后麦白盒
阴入	[4]	搭节急哭塔切刻
阳入	[2]	六叶月毒罚

0-2 ◆下汤村

（三）连读变调

蛮话的连读变调比较简单，除阳平调和阳去调以外，后字不变调，前字变调，与南部吴语瓯江片类似。连读变调之中出现 [33]、[41] 和 [323] 三个新的调值。有两种变调模式的以前一种为主要模式，后一种较少。

表 1　蛮话两字组连调表

	阴平 44	阳平 224	阴上 14	阴去 51	阳去 22	阴入 4	阳入 2
阴平 44	33+44 风箱 [hoŋ³³ɕiɔ⁴⁴]	44+323 砖墙 [tsø⁴⁴ʑiɐ̃³²³] ——— 44+224 通条 [tʰoŋ⁴⁴diəu²²⁴]	44+14 披囤 [pʰi⁴⁴tɕi¹⁴] 在正屋的两侧或屋后搭建的辅助性用房	41+51 三退 [sɛ̃⁴¹tʰø⁵¹] 由三座正房、六座厢房组成的三进四合院	33+33 骸盂 [kʰɔ³³u³³] 脚盆 51+22 抽袋 [tʰiəu⁵¹dø²²]	44+14 工作 [koŋ⁴⁴tsəʔ¹⁴]	41+2 商业 [ɕiɐ̃⁴¹n̠iɐʔ²²]
阳平 224	22+44 茅坑 [mɛ̃²²kʰɐ̃⁴⁴]	22+224 凉亭 [liɔ²²diŋ²²⁴]	22+14 茶管 [dzo²²kø¹⁴] 竹制的水勺	22+51 圆桌 [ỹ²²tɑu⁵¹]	22+22 篮箸 [lɛ̃²²bu²²] 用宽篾编成的筐子	22+14 棉托 [mĩ²²tʰəʔ¹⁴] 用于压实棉被的工具	22+2 粮食 [liɔ²²ziɐʔ²²]
阴上 14	44+44 草轩 [tsʰɔ⁴⁴ɕi⁴⁴] 草垫子	14+323 过桥 [ku¹⁴dʑiəu³²³] 桥	33+14 水桶 [tɕy³³tʰoŋ¹⁴]	14+51 鑊灶 [mɔ̃¹⁴tsɔ⁵¹] 灶	14+21 草席 [tsʰɔ¹⁴dʑy²¹]	44+14 畚箕 [pəŋ⁴⁴tɕʰiəʔ¹⁴] 畚箕	14+2 子侄 [tsɿ¹⁴dʑiɐʔ²²]
阴去 51	44+44 粟仓 [tɕʰy⁴⁴tsʰɔ⁴⁴] 谷仓	14+323 笮篱 [tso¹⁴li³²³]	33+14 尿桶 [n̠iɔ³³tʰoŋ¹⁴]	14+51 正栋 [tɕiɐ̃¹⁴toŋ⁵¹] 屋脊	14+21 拍稻 [pʰa¹⁴diəu²¹] 打稻子	44+14 做节 [tsɑu⁴⁴tsəʔ¹⁴] 节日时举行祭祀活动	14+2 快活 [kʰai¹⁴vəʔ²²]

（续表）

阳去 22	33+44 瓦光 [ŋɔ³³kɔ⁴⁴] 玻璃制的明瓦	33+33 大门 [to³³mø³³]	33+14 病囝 [pẽ³³tɕĩ¹⁴] 妊娠反应	41+51 寿圹 [ɕiəu⁴¹kʰɔ̃⁵¹] 墓穴 — 44+224 饭架 [pø⁴⁴ko²²⁴] 箅子	14+21 弄巷 [loŋ¹⁴gɔ̃²¹] — 22+22 料勺 [liəu²²zy²²] 长柄的粪勺	44+14 白粥 [pa⁴⁴tsəʔ¹⁴]	14+2 落力 [lɑu¹⁴liəʔ²] 卖力
阴入 4	4+44 夹花 [kəʔ⁴ho⁴⁴] 夹缬	4+323 竹床 [təʔ⁴dziɔ³²³]	4+14 橘囝 [tɕiəʔ⁴tɕĩ¹⁴] 橘子	4+51 发菜 [fəʔ⁴tsʰa⁵¹]	4+22 泊位 [pʰəʔ⁴y²²]	4+14 八角 [pəʔ⁴kəʔ¹⁴]	4+2 竹沥 [təʔ⁴liəʔ²] 竹子加工提取的汁液
阳入 2	3+44 肉糜 [niəʔ³mẽ⁴⁴] 肉饭 — 2+44 掘锥 [guəʔ²tɕy⁴⁴] 镐子	4+323 掘塍 [kuəʔ⁴dzai³²³] 挖地 — 2+224 夹臀 [gəʔ²dø²²⁴] 屁股	4+14 墨斗 [məʔ⁴tɔ¹⁴] — 2+14 侄女 [dziəʔ²ny¹⁴]	4+51 药店 [iəʔ⁴tai⁵¹] — 2+14 篾礤 [miəʔ²tsʰai¹⁴] 笊帚	4+22 篾席 [miəʔ⁴dzy²¹] 竹席 — 2+22 鹿射 [ləʔ²zy²²] 形容跑得快	4+14 烙铁 [ləʔ⁴tʰiəʔ¹⁴]	4+2 拔月 [pəʔ⁴niəʔ²] 忙月

苍南

引言

9

（四）其他音变

1. 浊音清化

蛮话读阳去调、阳入调的浊去字、浊入字在非后字的情况下，其浊声母会变成对应的清声母，同时阳声调读作阴声调或变为 [33] 调，仅少数例外。例如：

b＞p　白糖 [ba²²dɔ̃²²⁴]＞[pa³³dɔ̃³³]　　　　病囝 [bẽ²²tɕĩ¹⁴]＞[pẽ³³tɕĩ¹⁴] 妊娠反应

d＞t　大腔﹦[do²²tɕʰiɔ̃²²⁴]＞[to³³tɕʰiɔ̃⁴⁴] 堂屋　　稻坛 [diəu²²dẽ²²⁴]＞[tiəu³³dẽ³³] 院子

dz＞ts　大脏头 [do²²dzɔ̃²²dɔ²²⁴]＞[to⁴⁴tsɔ̃⁴⁴dɔ¹⁴] 肛门　　□□子 [dzse²²gɔ²²tsɿ¹⁴]＞[tse⁵¹gɔ²²tsɿ¹⁴] 掷色子

z＞s　十七扇眠床 [zəʔ²²tɕʰiəʔ¹⁴ɕĩ⁵¹mĩ²²⁴n̠iɔ̃²²⁴]＞　　坐船交椅 [zø²²zioŋ²²⁴kɔ⁴⁴i¹⁴]＞[sø⁴⁴zioŋ²¹kɔ⁴⁴i¹⁴] 一种椅子
　　　　[səʔ⁴tɕʰiəʔ¹⁴ɕĩ⁵¹mĩ²²⁴n̠iɔ̃²²⁴] 一种床

dʑ＞tɕ　聚宝 [dʑy²²pɑu¹⁴]＞[tɕy³³pɑu¹⁴] 天花　　赚铜钱 [dʑioŋ²²doŋ²²⁴n̠ĩ²²⁴]＞[tɕioŋ⁴⁴doŋ²²n̠ĩ²²⁴] 赚钱

ʑ＞ɕ　石板路 [ʑy²²pai¹⁴lu²²]＞[ɕy⁴⁴pai¹⁴lu⁴¹]　　上栋梁 [ʑiɔ̃²²toŋ⁵¹liɔ̃²²⁴]＞[ɕiɔ̃³³toŋ¹⁴liɔ̃³²³] 上梁

g＞k　汗衫 [gẽ²²sẽ⁴⁴]＞[kẽ³³sẽ⁴⁴] 短袖上衣　　掘塍 [guəʔ²²dzai²²⁴]＞[kuəʔ⁴dzai³²³] 挖地

2.

重叠音节的第一个音节弱化为入声，有时清声母会浊化。例如：挂颈颈线 [ko¹⁴dziəʔ²²dzɪŋ²²ɕĩ⁵¹]、真真 [dziəʔ²²tɕiŋ⁴⁴]。

三　凡例

（一）记音依据

因钱库为蛮话地区的中心城镇，本地人皆认为钱库话为正宗蛮话，故本书方言记音以钱库镇老年人的方言为准。发音人章小和，男，1956 年 8 月出生于钱库镇东西街村，高中文化水平，一直在钱库镇生活和工作。

（二）图片来源

本书收录蛮话方言文化图片近 600 幅。

这些图片主要是近几年在蛮话地区拍摄的，也有少部分是在苍南县内其他地区（主要是灵溪等地）拍摄的。

图片拍摄者主要为作者，以及苍南县蛮话文化研究发展中心成员王斌、黄昊挺、鲍益干。由他人提供的图片，注明拍摄者姓名，例如"5-6 ◆ 舥艚（周元斌摄）"。

（三）内容分类

本书所收蛮话方言文化条目按内容分为9大类35小类：

（1）房屋建筑：住宅、其他建筑、建筑活动

（2）日常用具：炊具、卧具、桌椅板凳、其他用具

（3）服饰：衣裤、鞋帽、首饰等

（4）饮食：主食、副食、菜肴

（5）农工百艺：农事、农具、渔业、手工艺、商业

（6）日常活动：起居、娱乐、信奉

（7）婚育丧葬：婚事、生育、丧葬

（8）节日：春节、元宵节、清明节、端午节、中秋节、其他节日

（9）说唱表演：口彩禁忌、俗语谚语、歌谣、曲艺戏剧、故事

如果某个条目可归多个大类，先尽特殊的类。例如"麻糍"可归饮食、节日，本书归节日。

（四）体例

（1）每个大类开头先用一段短文对本类方言文化现象做一个概括性的介绍。

（2）除"说唱表演"外，每个条目均包括图片、方言词条、解释性文案三部分。"说唱表演"不收图片，体例上也与其他部分有所不同，具体情况参看"玖 说唱表演"。

（3）各图单独、连续编号，例如"1-1"，短横前面的数字表示大类，短横后面的数字是该大类内部图片的顺序号。图号后面注拍摄地点（一般为村级名称）。图号和地名之间用"◆"隔开，例如"1-1◆溪头埠"。

（4）在图下写该图的方言词及其国际音标。如是一图多词，各词之间用"│"隔开，例如：小定 [ɕiəu¹⁴dɯ²¹] │ 大定 [to⁴¹dɯ²¹]。

（5）文案中出现的方言词用引号标出，并在一节里首次出现时注国际音标，对方言词的注释用小字随文夹注；在一节里除首次出现时外，其他场合只加引号，不再注音释义。为便于阅读，一些跟普通话相同或相近的方言词，在同一节里除首次出现时外，不再加引号。

（6）同音字在字的右上角加等号"="表示，例如：大腔⁼[to³³tɕʰiɔ⁴⁴]堂屋。无同音字可写的音节用方框"□"表示，例如：后□门 [ɔ³³pʰiẽ³³mø³³]后门。

（7）方言词记实际读音，如有变调、浊音清化等现象，一律按连读音记，轻声调值一律标作"0"，例如：平场户 [bẽ²²diɔ²¹fu²¹]，"平"单字音 [bẽ²²⁴]；稻坛 [tiəu³³dẽ³³]，"稻"单字音 [diəu²²]。主要音变规律可参看本书"引言 二 蛮话"。

壹·房屋建筑

　　传统建筑从功能上分主要有民居、商铺、作坊以及其他公共建筑。苍南县地处温州最南端，交通不便，经济相对落后，蛮话地区又非苍南县政治、经济中心，因此，最主要的建筑仍然是老百姓的普通民居及其附属建筑物。

　　随着东南沿海经济的快速腾飞，各地房屋建筑发生了巨大的变化，苍南县就是其中一员。蛮话地区的民居从过去到现在已经经历了四轮的更换。新中国成立前到20世纪70年代，普通居民的房屋主要是平房，叫"平场户"[bɛ²²diɔ²²fu²²]，黑瓦、砖墙（石墙）、内部木结构。从样式上来说，一座平房从三间到九间不等，其中五间、七间最为普遍，中间的堂屋为公共空间，一般用于祭祀、节庆或丧礼，不住人。现在这种房子大都拆毁，或不再住人。20世纪70年代，农村开始流行砖木结构的二层楼房（城区的楼房一般是砖混结构），叫"楼团场户"[lɔ²²tɕi¹⁴diɔ⁴¹fu²¹]。这种房子一般都是多户人家并排，房屋前有院子。在现今大拆大建的浪潮中，"楼团场户"

也将退出历史舞台。二层楼房之后兴起的就是四五层的落地房，到现在则是跟全国各地一模一样的新式楼房。

蛮话地区尚保留一些明清时期的豪华建筑，当地叫"三退"[sẽ⁴¹tʰø⁵¹]。这种建筑在当时一般是大户人家或政府要员的房子，一个村或几个村才有一套。在历史的车轮下，这种建筑损坏严重，现在政府部门也在有意识地保护这些有特色的建筑。

蛮话地区的人们宗族意识强烈，因此祠堂在当地具有举足轻重的地位，几乎每个姓氏都有自己的祠堂。祠堂一般都建得雄伟大气，修缮和管理祠堂对当地人而言有重要的意义。

至于那些千百年来与农耕文化、手工生产相适应的建筑物，例如水碓、砖窑、染坊等，基本上已消失殆尽。而凉亭、牌坊等传统建筑，则都有了现代化的翻新。

1-1◆溪头埠

平场户 [bẽ²²diɔ̃²²fu²²]

平房，一种旧式民居。蛮话地区，房子叫"场户" [diɔ̃²²fu²²]，老房子叫"老场户" [lɔ¹⁴diɔ̃²²fu²²]。较早的老房子就是"平场户"，黑瓦，石墙或砖墙，内部木结构。共一层：中间堂屋，为公共空间，祭祀或节日时使用；两边为生活空间，可以住多户人家，多为兄弟；上设有阁楼，通过临时的扶梯上下，不住人，用于堆放杂物。"五间" [ŋ⁴⁴kai⁴⁴] 五间房一排和"七间" [tɕʰiəʔ⁴kai⁴⁴] 七间房一排的样式最为普遍。如今这种房子已逐渐弃用或拆毁。

楼团场户 [lɔ²²tɕĩ¹⁴diɔ̃⁴¹fu²¹]

也叫"楼团" [lɔ²²tɕĩ¹⁴]。二层楼房。二十世纪七八十年代较为普遍，现在也属于老房子的一种。多为石墙或砖墙，内部木结构；一幢一户，多户并排。二层阳台向前延伸，形成"檐头" [nĩ²²dɔ²²⁴]；一层为半封闭的通道，防雨、防晒，既用于堆放杂物、农作物，也便于邻里交流。屋前多有场院，叫"稻坛" [tiəu³³dẽ³³]（见图1-51）。"团" [tɕĩ¹⁴] 是小的意思，用在名词后表示该物体积较小，在当地十分常用。

中国语言文化典藏

三退 [sẽ⁴¹tʰø⁵¹]

也叫"三退九明堂"[sẽ⁴¹tʰø⁵¹kɔ¹⁴mɪŋ²²dɔ²²⁴]。由三座正房、六座厢房组成的三进四合院。多为明清时期大户人家或政府要员的住宅。

苍南────壹·房屋建筑

19

茅草处 [mɔ̃²²tsʰɔ¹⁴tɕy⁵¹]

也叫"茅草场户"[mɔ̃²²tsʰɔ¹⁴diɔ̃⁴¹fu²¹]。用茅草搭建的房子，是最简陋的房屋。屋顶用"草轩"[tsʰɔ⁴⁴ɕĩ⁴⁴]以竹子为纲，把稻草系于竹子上编成的草垫子铺成，需要每年更新。现在，茅草屋在蛮话地区已基本找不到，图 1-4 是还原复建的茅草屋。"处"字为送气音，此处不送气为发音人的特殊发音。

走马楼 [tsɔ⁴¹mɔ̃¹⁴lɔ³²³]

西式的二层洋房。上层墙体的外部建有连廊，围设于四周，可绕行一圈，因畅通无阻可以走马而得名。这种建筑在蛮话地区比较少见，以金乡的方宅、袁氏两处最为有名。

披闬 [pʰi⁴⁴tɕĩ¹⁴]

在正屋的两侧或屋后搭建的辅助性用房。一般用作厨房、畜生舍，或是存放农具、堆放杂物的处所。

苍南

壹·房屋建筑

大腔ᵍ[to³³tɕʰiɔ̃⁴⁴]

也叫"腔ᵍ汪ᵍ间"[tɕʰiɔ̃³³ɔ̃³³kai⁴⁴]、"腔ᵍ汪ᵍ"[tɕʰiɔ̃⁴⁴ɔ̃⁴⁴]。堂屋，是祭祀、吃饭、待客、活动的公用场所。堂屋内一般设有前厅和后厅，两厅之间用"照镜"[tɕiəu¹⁴tɕiẽ⁵¹]隔断隔开；"照镜"前摆有供桌；堂屋中间放一张四方桌或八仙桌，供人吃饭、聊天；堂屋左右两侧各放两把"太师椅"[tʰa¹⁴sʅ⁴¹i¹⁴]，太师椅中间放"茶几"[dzo²²tsʅ⁴⁴]。秋收的时候堂屋要堆放谷子，太师椅和茶几就撤走。过年的时候，人们会在堂屋内悬挂四盏纱灯。

1-8 ◆夏口

照镜 [tɕiəu¹⁴tɕiɛ̃⁵¹]

隔断，设在堂屋的前厅和后厅之间。隔断两边各有一扇门，使前后厅可以互通，这两扇门叫"照镜门"[tɕiəu¹⁴tɕiɛ̃⁴¹mø³³]。

鑱灶间 [mɜ̃³³tsɔ⁴⁴kai⁴⁴]

也叫"鑱间"[mɜ̃⁴⁴kai⁴⁴]。厨房，兼有餐厅的功能。多放有"庎橱"[ko¹⁴dy³²³]碗橱、水缸、饭桌等家具。蛮话地区，厨房多位于房子靠后门、灶台所在的地方，不进行实质区隔。

1-7 ◆夏口

1-9 ◆岭脚

正栋 [tɕiẽ¹⁴toŋ⁵¹]

　　屋脊，屋顶相对的斜坡或相对的两边之间顶端的交会线。蛮话地区，祠堂或"三退"（见图1-3）的屋脊上置有吻兽，普通民居没有。

瓦喙背 [ŋɔ̃⁴⁴tɕʰy¹⁴pø⁵¹]

房顶。传统民居的房顶都是人字形，两面坡。

瓦 [ŋɔ̃²²]

瓦片。蛮话地区的屋顶用瓦片铺盖而成。盖瓦片时，凹凸相排。拱度朝上的、覆盖的瓦叫"覆瓦"[pʰəʔ⁴ŋɔ̃²²]，也叫"闷瓦"[mɐŋ²²ŋɔ̃²²]；凹的一面朝上的叫"仰瓦"[n̠iɔ̃¹⁴ŋɔ̃²¹]。

鸡母头 [tsʅ⁴⁴mɑu¹⁴dɔ³²³]

　　屋脊两端的凤头，旧时官宦人家、祠堂的屋脊才有。旧时，蛮话地区祠堂的屋脊上大都塑凤头。如果某个祠堂有人考中状元，受皇帝赐封，就可以将凤头请下来，塑上龙身。如金乡坊下村的陈鳌、陈鹗兄弟先后中状元，陈氏祠堂的屋脊上就有资格塑龙身。现在祠堂屋脊上的装饰全乱了，几乎都塑龙身（见图1-12），而很少看到凤头了。

瓦光 [ŋɔ̃³³kɔ̃⁴⁴]

　　玻璃制的明瓦。蛮话地区，房屋的屋顶多为人字形两面坡，屋内光线不足，人们遂于屋顶开小窗，用"瓦光"采光。现在，虽然房屋的结构发生了变化，但是屋顶仍多为人字形两面坡，因此，多数人家还是会用"瓦光"来采光。

苍南　壹·房屋建筑

花檐瓦 [ho⁴¹n̠ĩ²¹ŋɔ²¹]

雕有花纹的檐瓦。形状有圆形、半圆形、方形等，既有装饰的功能，也有排水的功能。旧时，只有大户人家才有财力使用"花檐瓦"来装饰屋檐。

石部 = 墙 [zəʔ²pu³³ʑiẽ³²³]

用毛石和料石砌成的墙。蛮话地区，乡下的房子多为石头墙。苍南地区多台风、雨水，因此建筑多石墙，坚固且耐用。

雕梁 [tiəu⁴⁴liɔ̃³²³]

雕刻精美的横梁。一般大户人家才有。

砖墙 [tsø⁴⁴ziẽ³²³]

用青砖砌成的墙。蛮话地区，城里"楼团场户"（见图1-2）的外墙多为"砖墙"和"石部ᵉ墙"的结合。先用石头奠基，叫"垒墙骹" [li¹⁴ziẽ²²kʰɔ⁴⁴] 骹：脚；然后用石头垒墙，叫"做墙" [tsau¹⁴ziẽ³²³]；最后砌上一层砖，叫"做砖" [tsau⁴⁴tsø⁴⁴]。

风火墙 [hoŋ⁴¹hø¹⁴ʑiɛ̃³²³]

也叫"风阁"[hoŋ⁴¹kɑu⁵¹]。建于一幢房屋两侧，用于防火、防风、防水的砖墙。

大门 [to³³mø³³]

普通民房的正门。一般为有六扇门板的"六扇门" [lə?²ci¹⁴mø²²⁴]。

腔⁼汪⁼门 [tɕʰiõ¹⁴õ⁴⁴mø²²⁴]

"平场户"（见图1-1）堂屋前厅的门，也是"六扇门"。平时只开当中的两扇门；只有在婚丧嫁娶、重要节日时，六扇门才全开。

后京门 [ɔ³³tɕiŋ³³mø³³]

后厅的门，与"腔˭汪˭门"（见图1-21）相对。"后京"[ɔ³³tɕiŋ⁴⁴]是后厅的意思。门的形制有两扇门板的、四扇门板的、六扇门板的，其中六扇门板的比较少见。

后□门 [ɔ³³pʰiẽ³³mø³³]

房屋的后门。"平场户"（见图1-1）两侧房间的后门开在侧面。后门一般是只有一扇门板的"单扇门"[tẽ⁴⁴ɕi¹⁴mø²²⁴]。

店阀门 [tai¹⁴dəʔ²møʳ³³]

临街店铺的门板。可以拆卸：营业时将门板卸下，店门敞开；打烊时将门板拼上，店门关闭。使用极为方便，又可以节省空间，故为商铺所青睐。

腰门囝 [i⁴¹mø²¹tɕĩ¹⁴]

装在大门外，高及腰或胸的栅栏。用于拦截牲畜，防止其进入室内，同时又能使室内保持通风。

1-26 ◆岭脚

1-27 ◆岭脚

篱囝 [li²²tɕĩ¹⁴]

篱笆。

篱囝门 [li²²tɕĩ¹⁴mø³²³]

篱笆的门。竹制，缝隙较大。

花窗 [ho³³tʰoŋ⁴⁴]

带有雕花工艺的木窗。在蛮话地区比较普遍，穷人家的比较简单，大户人家的则很精致。

1-29 ◆溪头埠

窗门头 [tʰoŋ⁴⁴mø²²dɔ²²⁴]

也叫"窗门"[tʰoŋ⁴⁴mø²²⁴]。窗户。蛮话地区的窗户有各种不同的材质，有石质的、木质的、玻璃的。

天窗 [tʰ ĩ³³tʰoŋ⁴⁴]

屋顶上突出的窗形建筑。用于采光、通风。

苍南 壹·房屋建筑

35

天井 [tʰĩ⁴⁴tsɛ̃¹⁴]

在有多进的"平场户"（见图1-1）中，于二进和三进之间围成的一块露天空地。便于雨水下泄，同时利于采光。天井中一般设有水缸或水池，用于集水、消防。蛮话地区普通的民居没有天井。

村 [tsʰø⁴⁴]

村庄。同一个村的人多为同姓，因此也用"姓"[sɛ̃⁵¹]来指代一个村。"同姓侬"[doŋ²²sɛ̃⁵¹noŋ²²⁴]侬：人指同一个村子的人；人口多的村子叫"大姓侬家"[to⁴¹sɛ̃⁵¹noŋ³³ko⁴⁴]；有姻亲关系的村子，或是小村主动依附于大村的，就叫"相好姓"[ɕiɔ̃⁴⁴hɔ¹⁴sɛ̃⁵¹]。

1-37◆朱梅岭

水踏碓 [tɕy¹⁴tə²⁴ta⁵¹]

水碓,即利用水力舂米的器械。也指有水碓的场所。

鸡牯笼 [tsʅ³³ku³³loŋ³³]

竹制的鸡舍。用粗篾编成,孔较大,有可拆卸的小门。把鸡装在里面,可以运载、转移。

鸡牯柜 [tsʅ⁴¹ku³¹guai²¹]

木制的鸡舍。外形如柜子,有可上下移动的小门。

1-34◆溪头埠

1-35◆仙平

1-33 ◆山北

茅坑 [mẽ²²kʰẽ⁴⁴]

旧时农村的公共厕所。也用来囤积粪肥。旧时，一般一个生产小队有一个茅坑，一个大队有好几个。现在，茅坑已不多见，还在使用中的茅坑也多经过一定的翻新。

粟仓 [tɕʰy⁴⁴tsʰɔ̃⁴⁴]

谷仓。是农家用来储藏稻谷的小仓库。一般有两种：一种是长期性的，仓门旧时为木制，现多为铝制、铁制；另一种是临时的，用由竹篾编制的"粟囤" [tɕʰy¹⁴dø³²³] 盛粮器具围成。

1-36 ◆东社

水井 [tɕy³³tsẽ¹⁴]

　　井。蛮话地区为水乡，最初，生活用水都要到河里挑，既不方便也不卫生；后来，人们就在房屋附近打水井，采地下水。有了水井后，洗衣做饭都不需要再挑水。并且井水温度较低，具有一定的保鲜冰镇功能，炎炎夏日将冰镇在井水里的西瓜取出食用是一代人的记忆。

凉亭 [liɔ̃²²dɪŋ²²⁴]

　　也叫"亭"[dɪŋ²²⁴]。亭子。建在交通要道上，有墙，可供行人休憩、乘凉，具有类似驿站的功能。约 5 至 10 里设有一处，因此也有"十里凉亭"[səŋ⁴li¹⁴liɔ̃²²dɪŋ²²⁴] 的说法。

水布⁼ [tɕy¹⁴pu⁵¹]

水笕。建于屋檐上，是承接雨水的通道。一般从外表看不出来，只能看见出水口。出水口以动物形制出现，多为鲤鱼，取吉祥之意。图1-40中两个蛙形的建筑就是水笕的出水口。

1-40 ◆岭脚

牌坊 [bai²²hɔ⁴⁴]

　　旧时为表彰道德模范或有功绩的人而立的建筑，如"贞节牌坊""人瑞牌坊"。蛮话地区，以张家堡、仙居为多。现在有些村的村口会竖立一座新式牌坊，用于标示地名，不再有旧时的意义。

1-42 ◆山北

瓦窑 [ŋɔ̃³³iəu³³]

也叫"砖窑"[tsø⁴⁴iəu³²³]。烧制砖、瓦的窑。在蛮话地区，烧瓦和烧砖一般都在一起进行，不设分区。

蛎灰窑 [lai³³hø³³iəu³³]

也叫"蛎灰炉"[lai³³hø³³lu³³]。烧制"蛎灰"[lai²²hø⁴⁴]用牡蛎壳烧成的灰的窑。由约1米高的砖墙围成，直径3米左右。后因石灰石、水泥等替代品的广泛使用，"蛎灰"不再受青睐，"蛎灰窑"也多被废弃。

1-43 ◆仙平

中国语言文化典藏

泥路 [nai²²lu²²]

烂泥路。

弄巷 [loŋ¹⁴gɔ̃²¹]

巷子。小巷子叫"弄巷团"[loŋ¹⁴gɔ̃²¹tɕi¹⁴]。蛮话地区属水乡，房屋分布不规则，因此巷子多且弯弯绕绕。

苍南 ──── 壹·房屋建筑

1-46◆林家院村

石板路 [ɕy⁴⁴pai¹⁴lu⁴¹]

用石板铺成的小路。

机耕路 [tsʅ⁴⁴kã⁴⁴lu²¹]

由水泥铺成的路。比较平整,方便车辆通行。

1-47◆岭脚

过桥 [ku¹⁴dʑiəu³²³]

　　也叫"桥"[dʑiəu²²⁴]。蛮话地区河网密布，因此多桥梁。

1-49◆项桥

稻坛 [tiəu³³dẽ³³]

场院。是农家屋前打稻、晒谷的场地，也是农家夏日纳凉之地。多数设有围墙，也有的没有围墙。旧时用三合土或者蛎灰铺成，现在大都用水泥浇筑。

1-51◆岭脚

石板桥 [çy⁴⁴pai¹⁴dʑiəu³²³]

　　桥面由石板铺成的桥（见图1-49）。蛮话地区有许多历史悠久的石板桥，如肥艚的东魁桥，钱库的宋家港桥、护法寺桥（全国重点文物保护单位），芦浦的年糕桥、屿门桥等。

　　其中带栏杆的石板桥叫"栏杆桥"[lẽ²²kẽ³³dʑiəu³²³]（见图1-50）。钱库的大魁桥就属于栏杆桥，蛮话叫"大桥头"[to⁴⁴dʑiəu²²dɔ²²⁴]或"钱库桥头"[zai²²kʰu¹⁴dʑiəu²²dɔ²²⁴]。大魁桥建于清代，是蛮话地区的标志性建筑，为苍南县文物保护单位。

上栋梁 [ɕiɔ³³toŋ¹⁴liɔ³²³]

　　上梁。是造房子的一道工序，把正梁架在墙上。蛮话地区，上梁时要用"背巾" [pai³³tɕioŋ⁴⁴]背小孩用的长布巾（见图7-25）把梁拉上去，并将其挂在梁上。同时还要摆酒席，祭祀祖先。另外，木匠要站在房梁上向四周抛撒铜钱（今用硬币）和铁钉，并说一些吉利的话。

1-52 ◆玉龙口

起土 [tsʰ¹⁴⁴tʰu¹⁴]

　　一种奠基仪式。选定地基后，请来风水先生，取一筐土，插上香，立上木桩，有时还需要插把雨伞。意为动土前先请示土地翁，得到其同意，以保佑整个建造过程顺利。

粉墙 [feŋ¹⁴ziẽ³²³]

用水泥等涂抹墙面。粉墙用的抹泥板，叫"灰板" [hø⁴⁴pai¹⁴] 或"灰锹板" [hø⁴⁴tɕʰiəu⁴⁴pai¹⁴]。

扬波

船通四海舻舳连群

东岐码头
DONGQI DOCK

福澤三山歌永卉

海

貳·日常用具

蛮话里，家具和常用工具统称为"家生伙"[ko³³sẽ⁴⁴hø¹⁴]，都是过日子的物件。家具主要包括炊具、卧具、坐具、储具，等等。

对老百姓来说，温饱一直以来都是头等大事。因此，"鏾灶"[mõ¹⁴tsɔ⁵¹]灶在人们的生活中具有核心地位，甚至含有神圣的意味。在农历八月初三及十二月廿四，都要"请鏾灶头佛"[tɕʰiẽ¹⁴mõ⁴⁴tsɔ¹⁴ɕɔt²²dɔ²²fəʔ²]祭灶神。

大户人家都会有一张八仙桌，而一般人家则是普通的四方桌。桌子放在堂屋正中，既是全家人吃饭的地方，也是大家围聚在一起议事或聊天的地方，过年过节时又是摆放祭品的器具，因此是具有象征意义的重要家具。

　　传统的日常用具基本上都是就地取材，自给自足。因此，当地常常会举行集市，人们可以在此买到一般的日常用具。大多数用具都是竹木制品；也有其他植物被采集加工成各种用具，例如用咸草编成"咸草帽"[ẽ²²tsʰɔ¹⁴mɑu²¹]草帽，用麦秸编成"葵蒲扇"[dzɿ²²bu²²ɕi⁵¹]蒲葵扇，用芦苇穗扎成"芒花扫"[moŋ²²ho⁴⁴sɔ⁵¹]一种扫帚，等等。这些朴实无华的手工制品，体现了当地居民的勤劳和智慧。

　　然而，随着工业化的到来，越来越多的手工制品被批量生产的铁器、塑料品取代，那些沿用多年的竹木器具很多都已弃之不用。饱含工匠汗水和体温的手工制品，即使在农村，也正在日益减少。

2-1◆陈家堡

鏲灶 [mɤ̃¹⁴tsɔ⁵¹]

灶。用砖垒成，表面刷石灰粉，现在也有贴瓷砖的。灶上面基本都有烟囱。

2-4 ◆东西街

砂锅 [so³³ku⁴⁴]

陶制的锅，常用炊具之一。

鑙 [mɔ¹⁴]

锅。旧时的灶头有两个锅：一个大锅，用来烧饭，叫"鑙"；一个小锅，用来烧菜，叫"鑙囝" [mɔ³³tɕĩ¹⁴]。

汤瓶 [tʰɔ⁴⁴biŋ³²³]

灶上两锅之间用于温水的容器。内部中空，通过灶底上腾的热气导热。

2-5 ◆东西街

2-6 ◆项桥

铅锅 [kʰẽ³³ku⁴⁴]

铅制的锅。现已很少使用。

铜茶壶 [doŋ²²dzo²²vu²²⁴]

铜制的水壶。导热性能好。旧时,将"铜茶壶"挂在灶膛边,利用灶膛里冲出来的火苗烧水。

炊甑 [tsʰø⁴¹tɕiŋ⁵¹]

木制的桶状蒸具。无底,内置一层竹制的镂空隔层。将其置于土灶的锅上,用来蒸米、米粉等。捣年糕时所需的年糕粉也主要用它来蒸制。旧时,酒席的最后一道菜肴会上"炊甑糜" [tsʰø⁴¹tɕiŋ⁵¹mẽ⁴⁴] 蒸饭,保证让客人都能吃饱肚子。

2-7 ◆朱梅岭

屉 [tʰai⁵¹]

竹制的蒸屉。可多层叠加。可架于锅上蒸制各类食物。

2-10◆玉龙口

火钳 [hø¹⁴dzĩ³²³]

一种铁制长夹。用于夹炭火、柴草等。常用的烧火工具。

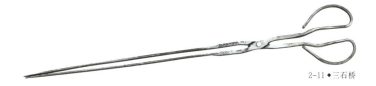

2-11◆三石桥

饭架 [pø⁴⁴ko²²⁴]

也叫"糜架"[mẽ⁴⁴ko²²⁴]。箅子。通常由四或六根竹子构成，可置于饭上隔水蒸菜。一般菜要放盘子里置于"饭架"上，但年糕、丝瓜、茄子等物就可直接置于其上。

嵌甑 [kʰẽ¹⁴tɕiŋ⁵¹]

一种辅助性炊具。竹片制成，圈状，高20—30厘米。如果蒸煮的食物过多，可将"嵌甑"架于锅上，以抬高锅沿，增加容量，防止沸溢。

2-8◆乾头

2-9◆项桥

通条 [tʰoŋ⁴⁴diəu²²⁴]

铁制长条。用于通灶膛，利于空气流通，助燃。常用的烧火工具。

2-12 ◆东社

2-15 ◆东西街

水兜 [tɕy⁴⁴tɔ⁴⁴]

水勺。舀水的工具。材质多样，主要为不锈钢和塑料。

风箱 [hoŋ³³ɕiɔ̃⁴⁴]

用来产生风力的一种设备，外形如木箱。使用煤粉做燃料的年代，必须使用风箱助燃。风箱上用铁皮制成的通风管叫"风箱管" [hoŋ³³ɕiɔ̃⁴⁴kø¹⁴]。

2-13 ◆余家慕

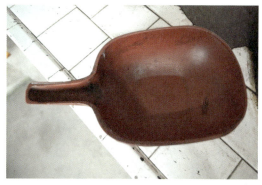

2-16◆东社

瓜瓢 [ko⁴⁴biəu³²³]

木制的大水勺。瓢口大且深，柄有凹槽。

茶管 [dzo²²kø¹⁴]

竹制的水勺。舀水口呈筒状，柄细长。主要用于灶间舀水。

2-17◆项桥

水桶 [tɕy³³tʰoŋ¹⁴]

　　木制的家具，挑水或者装水用。一般人家的水桶都用原木直接制成，比较富裕的家庭则会使用上了漆的水桶。当地多使用"晋漆"[tɕiŋ⁴⁴tɕʰiə?¹⁴]一种产于山西的生漆，因此上漆的水桶叫"晋漆水桶"[tɕiŋ⁴⁴tɕʰiə?¹⁴tɕy³³tʰoŋ¹⁴]。"晋漆水桶"美观耐用，常被作为嫁妆。

2-14◆余家慕

汤圆撩 [tʰɔ⁴¹ø²²liəu²²⁴]

漏勺。旧时多为竹制，现多用金属制成。有柄，勺面有多个小圆孔，可捞取汤圆等物。

2-18◆乾头

笊篱 [tso¹⁴li³²³]

2-19◆东西街

一种大漏勺。勺面比"汤圆撩"（见图 2-18）大，有密网，金属柄下端可接续木柄。旧时多为竹制，现多用金属制成。蔬菜等物略焯一下水之后用"笊篱"捞出，可沥去水分。

天萝瓜絮 [tʰ'i⁴⁴lɑu²²ko³³tsʰai⁵¹]

丝瓜络。当地将过老不宜食用的"天萝瓜"[tʰ'i⁴⁴lɑu²²ko⁴⁴]丝瓜晒干，取其絮，用于刷锅、洗碗，又环保又经济。

篾礤 [miəʔ²tsʰai¹⁴]

炊帚。竹制的家用小器具，一般用于刷锅。

2-20◆乾头

2-21◆乾头

磨鑠圈 [mɤ²²mɤ⁴⁴tɕʰỹ⁴⁴]

小铁皮圈。用于清除粘在锅内不易清除的污垢。

2-22◆横街

麻糍印 [mɤ²²zʅ²²ɪŋ⁵¹]

也叫"糖糕印"[dɤ²²kɔ⁴⁴ɪŋ⁵¹]。制作年糕的模具。模具上有花纹，这使得印出来的年糕十分精致美观。

2-23◆项桥

糕印 [kau⁴¹ɪŋ⁵¹]

制作米糕的模具。样式丰富，花纹多样。不同的"糕印"做出来的米糕也有不同的名称。

2-24◆项桥

2-25 ◆东西街

2-26 ◆东西街

砖 = 头 = [tsø⁴⁴dɔ³²³]

海碗，一种容量很大的碗。陶制。

交瓮 [kɔ³³oŋ⁴⁴]

可以盛汤的陶瓷大碗。

粗碗 [tsʰ̩⁴⁴uẽ¹⁴]

陶制的碗。做工比较粗糙。

2-28 ◆东西街

潊碗 [pʰiəʔ⁴uẽ¹⁴]

也叫"点心碗" [tai⁴⁴ɕiŋ⁴⁴uẽ¹⁴]。边沿非常浅的碗，仅比盘子略高。陶瓷制。

闷碗 [mɐŋ³³uẽ¹⁴]

盖碗。陶瓷制，泡茶用。

2-27 ◆东西街

2-30 ◆东西街

细腻碗 [sai^{14}n̠i^{22}uẽ^{14}]

瓷碗。一般做工比较精致，主要用于盛放食物。现在的碗基本都是瓷碗。专门用于盛饭的细腻碗，叫"食糜碗" [ɕi^{33}mẽ^{44}uẽ^{14}] 或"糜碗" [mẽ^{44}uẽ^{14}]。

斉橱 [ko^{14}dy^{323}]

碗橱。木制的柜子。一般上层用来搁置食物，下层用来放盘碗、器物等。

2-33◆余家慕

箸笼 [ty³³loŋ³³]

用来放置"箸"[ty³³]筷子的器具。有竹制的，也有陶制的，透气通风，利于沥水。筷子放置其中容易晾干，不易发霉，方便再使用。

2-32◆溪头埠

吊橱 [tiəu¹⁴dy³²³]

挂在墙上或梁上的碗橱。

米桶 [mĩ⁴⁴tʰoŋ¹⁴]

装米的桶。一般为木制。

2-34◆岭脚

2-35 ◆岭脚

糜桶 [mẽ⁴⁴tʰoŋ¹⁴]

　　饭桶。木制。将煮熟的米饭置于其中，既保温又便于携带。

2-37 ◆乾头

盐钵 [ĩ²²pəʔ¹⁴]

　　普通人家用来装盐的陶制器皿。通常较小，敞口；有两层，将盐放置在上层，盐卤可渗至下层。

豆芽桶 [to³³ŋo²²tʰoŋ¹⁴]

　　淋豆芽的木桶。直径约1米，高约1.2米，形体较大，桶底有孔，可漏水。旧时，蛮话地区有专门淋制豆芽的人家，故那时豆芽桶较为常见。

2-36 ◆岭脚

2-38 ◆ 余家慕

接檐亭眠床 [tɕiə^{4}ʔi^{44}dɪŋ^{14}mĩ^{22}n̩iɔ̃^{21}]

一种豪华的床。床前有"踏骹板" [tə^{4}k^{h}ɔ^{44}pai^{14}] 踏脚。床和踏脚都被包在带有精美雕刻和装饰的木架子里，上有顶。踏脚上可放柜子、桌椅等，有的踏脚还挂有蚊帐。有的为多层多进。旧时大户人家才有，较为少见。

十七扇眠床 [sə^{4}tɕ^{h}iəʔi^{14}ɕĩ^{51}mĩ^{22}n̩iɔ̃^{21}]

床架子由十七扇雕花木板组成的比较考究的床，一般由后七、左右各四、前二这十七扇木板构成。旧时富裕人家的床就是这种形制。若用"十七扇眠床"陪嫁，则说明女方家庭条件较好。

2-39◆仙平

竹床 [təʔ⁴dʑiɔ̃³²³]

竹榻。用毛竹制成的一种简易床，用两张凳子架上即可使用。因竹床既凉快又方便移动，所以使用得比较普遍。旧时夏天，天气炎热，夜幕降临时，农家就将竹床架在"稻坛"（见图1-51）上纳凉甚至过夜，这是常见的景象。

高低床 [kɔ³³ti⁴⁴dʑiɔ̃³²³]

新式的床。多为木板床，床头和床尾的靠背不一样高。

草席 [tsʰɔ¹⁴dʑy²¹]

用咸草编制的席子。一般在春秋两季使用。

假铜床 [ko¹⁴doŋ²²dʑiɔ̃²²⁴]

也叫"铜床"[doŋ²²dʑiɔ̃²²⁴]。指三面为床架、上有顶的床。真铜床在各主要部位镶铜，十分精美，为大户人家使用；小户人家实力不足，仿其形，故称"假铜床"。后来只要是这种样式的床就都叫"假铜床"。

2-44 ◆溪头埠

篾席 [miə̰ʔ⁴dʑy²¹]

竹席。用竹篾编制而成。其质量的好坏取决于使用第几层篾。篾席用于夏季，比草席更加凉爽。

倒窠 [tɑu⁴⁴kʰu⁴⁴]

竹制的小摇篮。包括篮子和架子，窝状的篮子置于架子上，可左右摇晃。图2-45只剩篮子，架子已毁坏。婴儿出生之后，在摇篮里睡觉、休息、活动，直到学会爬行。"窠" [kʰu⁴⁴]是窝的意思。

2-45 ◆仙泥船

坐窠 [sø³³kʰu⁴⁴]

也叫"窠团"[kʰu⁴⁴tɕi¹⁴]。婴儿坐具，类似现在的宝宝餐椅。竹制或木制，设计精巧，方便小孩活动。

鸠⁼窠 [tɕiəu³³kʰu⁴⁴]

一种婴儿用具。由竹子或木头制成，带底座，中空，四周有围栏。婴儿长到七八个月时使用。具有多重功能：可以防止婴儿乱爬；婴儿在里面既可练习站立，也可坐着玩耍。"鸠⁼"[tɕiəu⁴⁴]意为双腿弯曲下蹲。

2-48 ◆湖广店

八仙桌 [pəʔ³çi⁴⁴tau⁵¹]

　　一种精美的四方桌，可供八人就座。桌子四周刻有八仙的图案，每面两个人物。与八仙桌配套的凳子，叫"立许凳"[liəʔ⁴çy¹⁴tai⁵¹]，凳子的下边镶着起装饰作用的裙边。一般富裕人家才有。

2-49◆金家垟

圆桌 [ỹ²²tau⁵¹]

桌面为圆形，只有一个桌脚作为支撑的桌子。桌脚部分做成带门的柜子，其内可放杂物。

四方桌 [sๅ¹⁴hɔ̃⁴¹tau⁵¹]

桌面为正方形的桌子。相较于八仙桌而言，做工没有那么精致。一般在开设宴席时使用。普通家庭的饭桌叫"食糜桌"[ɕi³³mẽ⁴⁴tau⁵¹]，也是一种四方桌。

2-50◆金家垟

马鞍桌 [mɔ̃¹⁴ẽ⁴¹tɑu⁵¹]

2-51◆倪处

　　一种长方形的桌子。有两层抽屉：上层并排三个，下层左右各一个。旧时，拜完堂后，红烛、子孙灯、喝茶用的茶杯、吃汤圆用的碗等婚礼用具都放在洞房内的"马鞍桌"上。

藤椅 [dai²¹i¹⁴]

　　藤制的椅子。靠背和扶手连为一体。夏天坐着比较凉快，也比较软，适合年纪大的人坐。几乎家家户户都有。

2-52◆横街

中国语言文化典藏

2-53 ◆ 鉴后垟

交椅 [kɔ⁴⁴i¹⁴]

竹制的椅子。大小不等，便宜耐用。夏季使用非常凉爽。旧时，富裕人家会给小孩子买一把小交椅，既可以坐也可以作为孩子的玩具。

2-54 ◆ 溪头埠

倒椅 [tau³³i¹⁴]

躺椅，多为竹制。椅背的顶端可调节高度，一般有两至三档。下层带有可伸缩的踏脚，叫"倒椅拖" [tau³³i¹⁴tʰo⁴⁴]。

坐船交椅 [sø⁴⁴ʑioŋ²¹kɔ⁴⁴i¹⁴]

可放在船上使用的椅子。木制，外面涂以红漆，比较考究。有些"坐船交椅"的椅面下设有带锁的暗格。平时放在家里，坐船时带上船使用。旧时，"坐船交椅"也是女子的嫁妆之一。结婚时，媒人坐在这把椅子上。

2-55 ◆ 西三街

六角椅 [lə ʔ²kəʔ⁴i¹⁴]

　　椅面有六个角的椅子，做工比较精致。旧时，读书、写字时使用，一般与"马鞍桌"（见图2-51）配套。

2-56◆余家慕

太师椅 [tʰa¹⁴sʅ⁴¹i¹⁴]

　　靠背和扶手都经过精雕细琢的椅子。这种椅子比较宽大，通常放在客厅或堂屋。两张太师椅之间设有茶几，其上摆放茶具。

2-57◆西三街

2-58◆溪头埠

悬凳 [gai²²tai⁵¹]

　　长凳。木制。长短不一，可供两人或多人坐。较短的叫"凳团" [tai³³tɕĩ¹⁴]，一般是日常吃饭时使用；长的也叫"悬凳"，一般用于酒席中。

□□凳团 [gɔ²²gu¹⁴tai³³tɕĩ¹⁴]

　　小凳子。木制。给孩子坐或洗脚的时候用，也可以给小孩当玩具。

2-59◆鉴后垟

圆凳 [ỹ²²tai⁵¹]

　　凳面为圆形的凳子。木制。多与圆桌配套。

2-60◆夏口

2-61◆鉴后垟

四方凳 [sɿ¹⁴hɔ̃⁴¹tai⁵¹]

小方凳。木制。

琴凳 [dʑɪŋ²²tai⁵¹]

放置古琴、古筝的凳子。比普通的凳子宽，用料讲究。此外，也可用作卧具或移动餐桌。

2-62◆余家慕

中国语言文化典藏

2-63 ◆余家慕

2-64 ◆车头

面盂 [mɪŋ¹⁴u³²³]

　　脸盆。有多种材质："柴面盂" [dzɔ²²mɪŋ¹⁴u³²³]（见图 2-63），用木板拼接而成，表面漆有油漆，工艺比较精巧；"洋瓷面盂" [iɔ̃²²zʅ²²mɪŋ¹⁴u³²³]（见图 2-64），用搪瓷制成；"铅锡面盂"[kʰa⁴⁴ɕiəʔ⁴mɪŋ¹⁴u³²³]（见图 2-65），用铝制成。

2-65 ◆鉴后垟

2-66 ◆岭脚

面盂架 [mɪŋ¹⁴vu²²ko⁵¹]

脸盆架。木制。由上下两部分组成：上部为架板，一般有镜子、两层毛巾架；下部共有两层，上层放脸盆，下层放脚盆或水桶。

骹盂 [kʰɔ³³u³³]

也叫"骹盂屉"[kʰɔ⁴¹vu²¹tʰai⁵¹]。脚盆。木制。洗脚、洗下身时用，也可以用来洗衣服。

2-67 ◆项桥

大骹盂 [to³³kʰɔ³³u³³]

澡盆。木制。功能主要有三个：一是给孩子洗澡用；二是洗大件衣物用；三是冬至做汤圆时用，在盆中铺上一层稻草灰，再铺上纱布，将磨好的湿汤圆粉置于其上沥干，然后可搓成汤圆。

2-68 ◆乾头

2-69◆仙平

尿斗囝 [n.iɔ³³tɔ³³tɕĩ¹⁴]

小尿壶。木制。有竖长柄，柄上有把手。供小孩用。

尿桶 [n.iɔ³³tʰoŋ¹⁴]

粪桶。木制。有盖，盛粪便用。旧时的民居里没有冲水马桶，把尿桶放在"尿桶柜" [n.iɔ³³tʰoŋ¹⁴guai²¹] 里，就成了"尿桶头" [n.iɔ³³tʰoŋ¹⁴dɔ³²³] 简易厕所（见图 2-71）。现在家家户户都用冲水马桶，"尿桶柜"和"尿桶"都已被弃用。

2-70◆项桥

2-71◆夏八美

苍南｜贰·日常用具

83

2-73 ◆肥艚

扫帚 [so³³tɕiəu¹⁴]

扫地用具,由竹枝扎成。主要用来清扫较大的垃圾,各种场所都可使用。

2-74 ◆鉴后垟

棕扫 [tsoŋ⁴¹sɔ⁵¹]

用棕榈皮扎成的扫帚。一般只在房屋里使用。

2-72 ◆九刀连

两耳朵尿桶 [nɔ̃⁴⁴n̩i²²tɑu¹⁴n̩iɔ̃³³tʰoŋ¹⁴]

一种有两个把手的尿桶。旧时多为木制,现也有用塑料制成的。用来装运粪肥。

芒花扫 [moŋ²²ho⁴⁴sɔ⁵¹]

　　一种扫帚。用"芒花"[moŋ²²ho⁴⁴] 芦苇穗
扎成。"芒花扫"比较细密，一般用来清扫
平整地面上的细微垃圾，扫完比较干净。

长柄扫帚 [dɔ̃²²pɤ̃⁵¹sɔ⁵¹tɕiəu⁴¹]

　　掸帚，柄较长。有时也把普通的扫帚绑
在竹竿上临时制成"长柄扫帚"。一般在"换
新"[uẽ³³ɕiŋ⁴⁴]年底大扫除的时候，用于掸掉高处
的脏污。

筊竿 [ɔ³³kɛ̃⁴⁴]

晾衣服用的竹竿。使用比较灵活,可以挂在窗前屋檐下(见图2-77),也可以架在"□权" [ȵiɛ̃²²tsʰo⁴⁴] 竹制的叉状架子上(见图2-78)。

2-79◆鉴后垟

洋灯 [iõ²²tai⁴⁴]

煤油灯。20 世纪 40 年代以后有煤油进口，煤油灯才开始普及，一直使用到 70 年代。电灯普及后，人们就不再使用煤油灯了。

2-80◆乾头

闷灯 [mɐŋ³³tai⁴⁴]

一种外有灯罩的煤油灯。可以防风。旧时，嫁妆里必有一对"闷灯"，结婚当天叫"子孙灯" [tsๅ¹⁴søˀ³³tai⁴⁴]（见图 7-9）。

桅灯 [vai²²tai⁴⁴]

手提的小煤油灯。可防风雨。渔民出海时，将其挂于桅杆上，用于照明；有时在内河行船，渔民若在船上过夜，也会用其照明；另外，普通人走夜路时也会使用"桅灯"照明。

电光灯 [dĩ²²kõˀ⁴⁴tai⁴⁴]

一种较大的煤气灯。灯芯带喷嘴或有出气口，照明效果特别好。旧时，红白喜事、演戏、杂耍时常用"电光灯"照明。

2-81◆乾头

2-82◆乾头

火篃 [hø³³la¹⁴]

烘篮，一种取暖用具。有两种形式：一种是外边竹壳，内置陶炉（见图 2-83）；另一种是铜制品，盖上有许多小圆孔，内置炭火。旧时，"火篃"是女子的陪嫁品之一。

葵蒲扇 [dzʅ²²bu²²çĩ⁵¹]

蒲葵扇。用蒲葵叶制成，是夏季扇风、驱蚊虫的用具。没有电风扇的年代，家家都有"葵蒲扇"。

埕 [dʑɿŋ²²⁴]

坛子。陶制，容量大小不一，口径较小。一般用于装酒、酱油等液体，普通人家也常用来装腌制的萝卜条。

酒埕 [tɕiəu¹⁴dʑɿŋ³²³]

专门用来酿酒或盛酒的坛子。另有专门用来盛酒的大缸，叫"酒缸" [tɕiəu⁴⁴kɔ⁴⁴]。

七斗缸 [tɕʰiəʔ²tɔ⁴⁴kɔ̃⁴⁴]

专门储存酒的容器，肚大底小。使用时外面以木架固定，防止翻倒。因其能盛装用七斗米做成的酒，故名。

2-87◆夏口

水缸 [tɕy⁴⁴kɔ̃⁴⁴]

家常储水用的大缸。陶制，大小不一，家家必备。大户人家的天井也常放置水缸，用于储水、消防。旧时，因为水缸比较珍贵，破损之后一般是进行修补而不是丢弃。那时，村头巷尾常常能听到"补鑮咯，生〝缸咯"的吆喝声。

米缸 [mĩ³³kɔ̃⁴⁴]

盛米的大缸。陶制，肚圆两头小，使用时会准备一个盖子，防止脏物掉入米缸。

菜头缸 [tsʰa¹⁴dɔ²¹kɔ̃⁴⁴]

腌咸菜用的缸，也可用来储水。陶制，口径较水缸小，缸身较瘦长。"菜头" [tsʰa¹⁴dɔ²¹] 是萝卜的意思，有时也指腌制的咸菜。

䭓缸 [pʰɐŋ³³kɔ̃⁴⁴]

装泔水的缸。陶制，口径大，肚圆，底略小。

2-93◆东西街

樟柴箱 [tɕiɔ̃³³dzɔ²¹ɕiɔ̃⁴⁴]

也叫"樟木箱"[tɕiɔ̃³³mɔʔ²ɕiɔ̃⁴⁴]。樟木制的箱子。装衣物、棉被之用,有防虫的作用。

2-92◆东西街

板箱 [pai⁴⁴ɕiɔ̃⁴⁴]

衣柜。类似现在的组合衣柜,有的是上箱下柜,有的由四个箱子组成。箱子有两种:放在最上面的一种是顶开式的,叫"开盖箱"[tɕʰy⁴⁴ka¹⁴ɕiɔ̃⁴⁴];放在下面的是开门式的,叫"开门箱"[tɕʰy⁴⁴mø²²ɕiɔ̃⁴⁴]。主要用于放置衣服、被褥,也是女子主要的陪嫁品之一。旧时婚礼,伴郎的工作之一是抬"板箱"。

五斗橱 [ŋ²²tɔ¹⁴dy³²³]

比衣橱稍微矮一些的柜子，用于收纳衣物。上面可以放收音机、录音机之类的东西。

衣橱 [y⁴⁴dy⁴⁴]

放置衣物的组合柜子。分上下两个部分：上半部分也叫"衣橱"，内有抽屉；下半部分叫"衣橱骹" [i⁴⁴dy²²kʰɔ⁴⁴]。有些衣橱左右两侧刻有对联，比较讲究。旧时，是女子的陪嫁之一。

2-97 ◆东西街

2-99 ◆溪头埠

猫咪篮 [mɜ̃²²mi⁴⁴lẽ⁴⁴]

一种用宽篾编成的篮子。缝较大，有盖，用来存放食物。一般挂在高处，防止猫、狗等动物偷吃。蛮话地区基本家家必备。

筲箕 [sɔ³³tsʅ⁴⁴]

一种用竹篾编成的篮子。容量很大。主要用来买菜、淘米或盛米盛饭。

砻糠柜 [loŋ²²kʰɜ̃⁴⁴guai²¹]

烧火凳边用来放置砻糠的柜子。多为木制；石制的也有，但较为少见。上有可移动的盖子，使用时可推动。与"鏾窠凳"[mɜ̃⁴⁴kʰu⁴⁴tai⁵¹]烧火凳，烧火时坐的地方组合，呈 L 字形。

2-96 ◆东社

2-100◆夏八美

篮冚 [lẽ²²tɕĩ¹⁴]

也叫"扁篮冚"[pĩ¹⁴lẽ²²tɕĩ¹⁴]。一种扁形的浅筐篮子。大小不一，底部较平。主要用于买菜，也可用来晒少量菜干、鱼干等。

腰子篮 [iəu³³tsɿ¹⁴lẽ³²³]

也叫"长篮冚"[dɔ²²lẽ²¹tɕĩ¹⁴]。指用细竹篾编成的腰子形篮子。底部有孔，有内凹的盖子，可放物品。可用来买菜、送"日中"[ȵiə²ɕein²⁴tsoŋ⁴⁴]早中午的加餐、送"点心"[tai⁴⁴ɕiŋ⁴⁴]下午三点左右的加餐。

2-98◆桐桥

2-101 ◆岭脚

番薯篮 [fɛ⁴¹y²²lɛ²²⁴]

一种较大的篮子。宽篾编成，孔较大，无盖。主要用来清洗、盛放、运输红薯。"薯" [y²²] 读零声母，为声母脱落。

圆笼 [ỹ²¹loŋ²²⁴]

一种礼器。木板做底，竹片弯成弧形做边；多层，每一层可单独取出；盖子制作比较精致，上绘各种图案。通常成对组成一担，用来盛放礼物。一般在重大喜庆日子时使用。大小不一："圆笼团" [ỹ²²loŋ²¹tɕi¹⁴]，形制较小；"大圆笼" [to⁴⁴ỹ²¹loŋ²²⁴]（见图 2-102），形制较大，提梁上缀有铜环，若作为嫁妆，还要在提梁上写上女方出嫁的时间和移民而来的郡望。

2-102 ◆余家慕

2-103 ◆横街

灯笼 [tai⁴⁴loŋ¹⁴]

一种传统的照明工具。内点蜡烛或油灯，外用薄而透明的材料制成罩子。

绩满 [tsai⁵¹mẽ¹⁴]

用细竹篾编成的圆筐，外涂油漆。用于盛放针线、剪刀等物。

潘槽 [pʰɐŋ⁴⁴zɑu⁴⁴]

也叫"猪槽" [ty⁴⁴zɑu⁴⁴]。用来放置猪食的器具。多为石制，置于猪栏中。

2-105 ◆佘家慕

叁·服饰

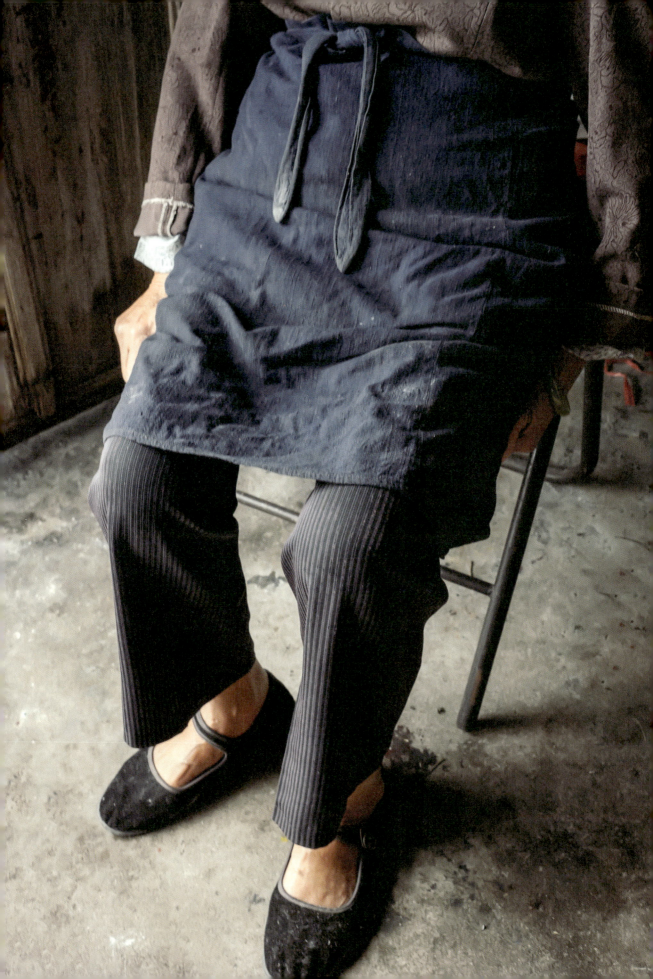

蛮话地区的服饰比较简朴、实用。

以前，村里有专门的"做□老师"[tsɑu⁴⁴n̠iɔ̃⁴⁴lɔ³³sʅ⁴⁴]裁缝师傅（"□"[n̠iɔ̃⁴⁴]为"衣裳"[n̠i⁴⁴⁻³³n̠iɔ̃²²⁴⁻⁴⁴]的合音）。人们要做新衣服时，就到商店里买回布料，请裁缝到家里来加工。每到年底，就可以看到裁缝在各家忙碌的身影。有些活儿自己能干的，就干脆自己动手，例如织毛衣、做布鞋、缝鞋垫等。农闲时，妇女们手里往往都拿着针线活，要么是一件正在织的毛衣，要么是一只正在纳的鞋底。手巧的女子还会通过"做花"[tsɑu⁴⁴ho⁴⁴]绣花，或来装饰衣物，或来补贴家用。

平时穿的衣服真可谓是"新三年，旧三年，缝缝补补又三年"。穿破了的衣服，还要拆剪成破布，用来糊鞋底。一年到头，就盼着过年能穿一身新衣服。过年的魅力与此大有关系。

蛮话地区的饰物也比较简单，主要有戒指、耳环、项链、手镯和脚链等。材质主要是金和银。小孩子从出生开始就会佩戴饰物，主要为银饰，如"银佩团""银圈""手铰团"等。

当然，这都是几十年前的景象了。如今，人们的生活条件大为改善，衣服鞋帽也都从商店里购买了，饰物的种类也更加多样了。

3-1 ◆项桥

大襟 [to³³tɕiŋ⁴⁴]

纽扣在一侧的中式上衣，因外侧的衣襟明显大于内侧而得名。外侧的衣襟也叫"大襟"，内侧的衣襟则叫"小襟囝" [ɕiəu¹⁴tɕiŋ⁴⁴tɕĩ¹⁴]。

棉个心 [mĩ²²kø⁴⁴ɕiŋ⁴⁴]

中式棉衣。一般穿在里面，不做外衣。

3-3 ◆东西街

直襟 [tiə?³tɕiŋ⁴⁴]

两襟相对，纽扣在胸前正中的上衣。

夹个心 [kə?³kø⁴⁴ɕiŋ⁴⁴]

中式夹衣、夹袄。

3-5 ◆金家垟

中山装 [tsoŋ³³sẽ³³tsɔ̃⁴⁴]

一种中式服装，由孙中山提倡而得名。

□裀裤 [kʰəʔ²⁴kẽ¹⁴kʰu⁵¹]

旧时一种缝有特别宽大的白色裤腰的
裤子。穿的时候需要把裤腰叠在一起，扎上
裤带。

3-9 ◆马鞍

裌褂 [təʔ²⁴ko⁵¹]

无袖的上衣，秋冬款。

3-6 ◆东西街

3-8 ◆ 东西街

连身裙 [li³³ɕiŋ⁴⁴ɡuɐŋ³²³]

连衣裙。当地连衣裙的款式、材质多样。

旗袍 [dzʅ²²bɔ²²⁴]

一种传统服装。旧时，旗袍是常见的衣服之一，四季都可穿着；现在，旗袍一般只在特殊场合才会出现。

3-7 ◆ 东西街

迈桠裤 [ma⁴¹o⁴¹kʰu⁵¹]

小孩子穿的开裆裤。

幔裆裤 [mẽ²²tɔ̃⁴¹kʰu⁵¹]

小孩子穿的，裆部缝住的裤子。

3-10 ◆仙居

拢裤 [loŋ¹⁴kʰu⁵¹]

一种裤脚收拢、裤腿比较宽松的裤子。

3-12 ◆东西街

鞋袜裤 [ai²²məʔ²kʰu⁵¹]

孩子穿的连裤袜。一般为女孩所穿。

3-13 ◆东西街

3-14 ◆九刀连

腹渡 ⁼ [pəʔ⁴du²²]

肚兜。腹部的位置一般缝有一个口袋。

3-15 ◆仙居

汗衫 [kẽ³³sẽ⁴⁴]

短袖薄上衣。另有一种无袖无领、贴身穿着的上衣，叫"背心" [pai⁴⁴ɕiŋ⁴⁴]。

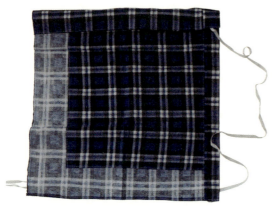

3-17◆东西街

围裙囝 [y²²ɡuɐŋ²²tɕĩ¹⁴]

　　小孩子用的围裙。只包下半身，防止屎尿漏出。女方娘家"送月里羹"[soŋ¹⁴ȵiɐʔ⁴li²²kẽ⁴⁴]娘家给坐月子的女儿送礼物的时候会送该物。

3-18◆东西街

澜挂 [lẽ²²ko⁵¹]

　　围嘴。

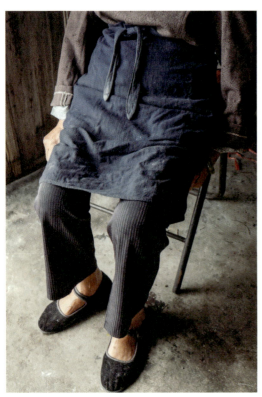

3-16◆九刀连

围身襕 [y²²ɕıŋ⁴⁴lẽ⁴⁴]

　　由蓝布制成，围在腰间，长可及小腿的围裙。旧时在农村，这是陪嫁品之一。结婚当天，新郎要围着"围身襕"给客人敬酒；此后，在干农活时也可使用。"围身襕"也指普通的围裙。

中国语言文化典藏

3-19◆金家垟

手巾囝 [tɕʰiəu¹⁴tɕioŋ⁴⁴tɕĩ¹⁴]

手绢。老人家尤其是女性，都会备一条。

蓑衣 [so³³y⁴⁴]

用棕叶缝成的雨具。一般制成上衣和下裙。穿在身上，与斗笠配合使用，用以遮雨。

3-20◆乾头

绒帽 [zoŋ²²mau²¹]

针织的帽子，比较暖和。一般老人、小孩用来保暖。

3-22 ◆乾头

伽□帽 [go²²la¹⁴mau⁵¹]

用竹片编成的头盔。状如清代红缨帽，比较坚硬，在械斗中用于保护头部。

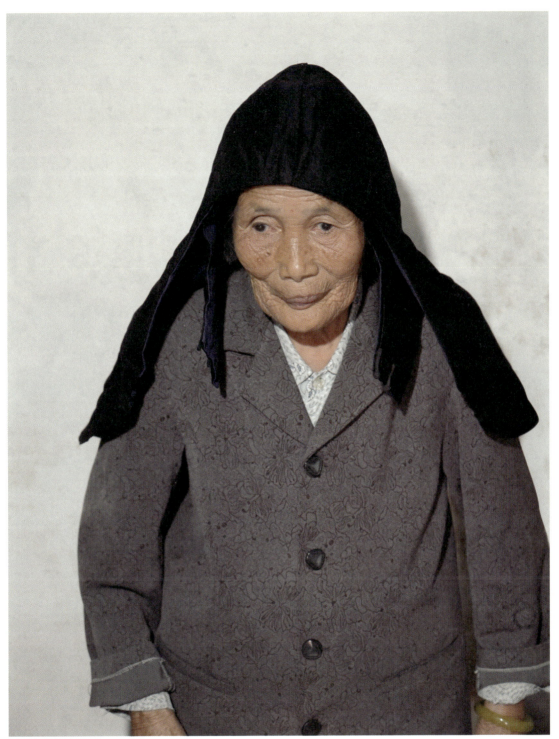

风兜 [hoŋ³³tɔ⁴⁴]

风帽。主要用于御寒，能包住耳朵，后沿长及背部。旧时，老人常用此物保暖，现在几乎看不到了。

尖顶笠 [tɕĩ⁴⁴tɪŋ¹⁴liə?²]

尖顶的斗笠。由竹篾制成，夹层是棕叶。可防雨、防晒，因此是农民劳作时的必备之物。

3-24 ◆岭脚

平顶笠 [bɛ̃²²tɪŋ¹⁴liə?²]

平顶的斗笠。用细篾和桐油纸编成。起固定作用的系带往往比较精致，有些还串有漂亮的珠子。主要用来遮阳。

3-25 ◆金家垟

布底鞋 [pu⁴⁴tai¹⁴ai³²³]

布鞋。旧时，鞋子一般都是妇女自制，是女工之一；现在，妇女纳鞋底、做鞋子已不多见。

3-27 ◆东西街

绣花鞋 [ɕiəu⁴⁴ho⁴⁴ai²²⁴]

鞋面绣花的布鞋。做工较为精致。

3-28 ◆东西街

咸草帽 [ẽ²²tsʰɔ¹⁴mɑu²¹]

草帽。用咸草编成。主要用来遮阳。

草鞋 [tsʰɔ¹⁴ai³²³]

用稻草或其他草茎编制成的鞋子。一般穷人家穿草鞋，富人家穿皮鞋，因此蛮话中用"草鞋"和"皮鞋"分别指代穷人和富人。

做花 [tsɑu⁴⁴ho⁴⁴]

绣花，需要一定的技巧。绣出来的图案主要用来装饰衣物。女子若会绣花，在当地会比较受欢迎。

苍南 叁·服饰

3-31 ◆林家院

管头簪 [kø¹⁴dɔ³²³tsɛ̃⁴⁴]

发簪。形若如意，较为精致。

金项链 [tɕiŋ⁴⁴ʃ²²li²¹]

一种金质的项链。

银牌 [ɲioŋ²²bai²²⁴]

一种银质项链。吊坠为银质的牌子，上面一般刻有文字。

3-33 ◆东西街

3-34 ◆东西街

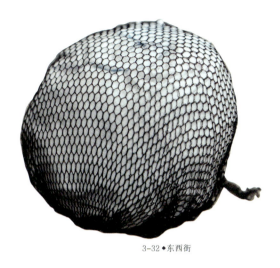

3-32 ◆东西街

盘头络 [bɛ̃²²dɔ²²lɑu⁵¹]

盘头发用的网状罩子。

玉佩 [n̩iə̃ʔ²bai²²⁴]

一种玉质的饰品。比较珍贵。

3-35 ◆东西街

银圈 [n̩ioŋ²²tɕʰ ỹ⁴⁴]

银项圈。一般戴在小孩颈项上。

3-36 ◆横街

手链 [tɕʰiəu¹⁴li²¹]

戴在手腕上的一种饰品。有各种材质，图 3-37 为金手链。

手铰 [tɕʰuei³³kɔ¹⁴]

手镯。有金质的、银质的、玉质的等，图 3-38 为银手镯。

金手指 [tɕiŋ⁴⁴tɕʰuei⁴⁴tsɿ¹⁴]

金戒指。

骹链 [kʰɔ³³li³³]

脚链。有的有坠饰，有的没有。

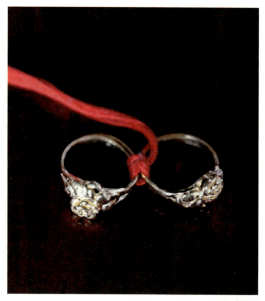

中国语言文化典藏

116

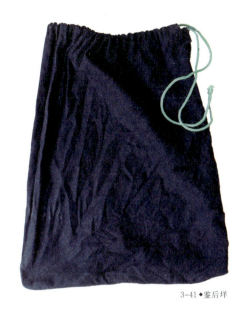

手巾包 [tɕʰiəu¹⁴tɕion³³pɔ⁴⁴]

包袱。用正方形的布包裹物品形成。

抽袋 [tʰiəu⁵¹dø²²]

能抽口的小袋子，可装一些小物件。旧时，家里条件差的孩子也用它作为书包。

3-42◆东西街

番元包 [fẽ³³n̠ỹ²¹pɔ⁴⁴]

旧时的钱包。一般直接缝制在内衣上，随身携带。

3-43◆九刀连

　　蛮话地区的粮食主要是稻谷。稻谷一年两季，春种夏收的叫早稻，夏种秋收的叫晚稻。因此，当地的主食为米饭，叫"糜"[mẽ⁴⁴]。人们会将各种作物煮熟拌入饭中，做成"菜糜"[tsʰa⁴⁴mẽ⁴⁴]芥菜饭、"菜头糜"[tsʰa⁵¹dɔ²¹mẽ⁴⁴]萝卜饭、"肉糜"[ȵiə³mẽ⁴⁴]肉饭等；或与米混在一起煮熟，做成"番薯糜"[fẽ⁴¹y²²mẽ⁴⁴]红薯饭、"番丝糜"[fẽ⁴¹sɿ⁴⁴mẽ⁴⁴]红薯丝饭、"茴豆糜"[hø²²dɔ³³mẽ⁴⁴]蚕豆饭等。其中最有名、最流行的就是"糯米糜"[nau⁴⁴miĩ¹⁴mẽ⁴⁴]糯米饭。

　　蛮话地区地处海隅，靠海吃海，饮食上重海鲜，几乎家家每餐必备海鲜。滩涂（海涂）多，盛产蛏子、弹涂鱼、牡蛎、花蛤等海产。芦浦的四大名菜"油鲟"[iɑu²²ʐiŋ²²⁴]、"箸头鳟"[ty²²dɔ²¹tsø⁴⁴]、"沙蒜团"[so⁴⁴sø⁴⁴tɕĩ¹⁴]野生小海葵、"本土蛏"[pɐŋ⁴⁴tʰu¹⁴tɕʰiŋ⁴⁴]蛏子都是海产。除了新鲜的鱼类，几乎每种海鱼都可以晒干成"鱼鲞"[ȵy²²ɕiɔ¹⁴]鱼干，而且制作方式多样。另外，由于以前没有冰箱等电器，食物不易保存，因此蛮话地区腌制品也较多，腌制的海鲜有"盐江蟹"[ĩ²²kɔ³³hai²¹]腌渍的梭子蟹、"鱼生"[ȵy²²sẽ⁴⁴]腌渍的小带鱼等，腌制的蔬菜有腌萝卜、咸菜等。

　　副食品种类多样。酒一般是自制，白酒叫"烧酒"[ɕiəu⁴⁴tɕiəu¹⁴]，黄酒叫"老酒"[lɔ³³tɕiəu¹⁴]或"红酒"[oŋ²²tɕiəu¹⁴]；茶叶一般都是从周边茶农那里买来的粗茶；豆芽是饭桌上常见的配菜；豆腐主要来自豆腐作坊，便宜好吃。

　　当地米制品多、面制品少。本地糕点主要是米制的年糕、汤圆、"蒸糕"[tɕŋ³³kɑu⁴⁴]一种米制品等，"面包"[mĩ³³pɔ⁴⁴]无馅的实心面食是新中国成立后才引入本地的。蛮话地区几乎每个月都有规定要吃的食物，主要与时令相结合：农历的十二月、正月吃年糕；二月吃芥菜饭；三月插秧时吃糯米饭；五月吃粽子；六月吃"蒸糕"；七月吃"九层粿"[kɔ¹⁴zai²¹ku¹⁴]一种米制品、"凳骹粿"[tai¹⁴kʰɔ²¹ku¹⁴]一种米制品；八月吃米粉和粉干；十一月吃汤圆。

　　"民以食为天"。旧时，尽管生活并不阔绰，但无论是平时还是节庆、丧育还是嫁娶，人们对饮食总是十分讲究。现在亦如此。

4-1◆东西街

糜 [mẽ⁴⁴]

米饭。蛮话地区的农作物主要为水稻，因此主食也以大米和米制品为主。该字为浊平字，读阴平调，声调特殊。吃饭，叫"食糜"[ɕi³³mẽ⁴⁴]。

4-4◆东西街

番薯糜 [fẽ⁴¹y²²mẽ⁴⁴]

红薯饭。新鲜的红薯切块，加米煮熟。

番丝糜 [fẽ⁴¹sɿ⁴⁴mẽ⁴⁴]

红薯丝饭。米中加入晒干的"番薯丝"[fẽ⁴⁴y²¹sɿ⁴⁴]红薯刨成丝晒干而成，煮成饭。旧时，在稻米青黄不接的时候，因粮食紧张，就用"番薯丝"来凑数。尤其是穷人家，一年四季都以"番丝糜"为主食。

4-5◆东西街

4-2 ◆东西街

菜糜 [tsʰa⁴⁴mẽ⁴⁴]

芥菜饭。把芥菜切细，与米分别煮熟，然后混合在一起，放入调料搅拌即可。农历二月初二前后是芥菜长势最旺的时候，通常要吃"菜糜"。当地人认为吃"菜糜"可以使孩子明目，还能防止长癞子。

菜头糜 [tsʰa⁵¹dɔ²¹mẽ⁴⁴]

萝卜饭。将萝卜和米分别煮熟后，加点油，放在一起进行搅拌，再炒一下即可。一般在农历十一月，萝卜收成的时候，有吃"菜头糜"的习惯。

4-3 ◆李家垟

肉糜 [n̩iəʔ³mẽ⁴⁴]

肉饭。把肉切成丁，与米分别煮熟，然后放在一起，加入调料，炒制而成。大家一起"斗⁼伍食"[tɔ¹⁴ŋ²²ȵi²²]凑份子聚餐（见图6-1）的时候，主食主要吃它。

4-7 ◆东西街

茴豆糜 [høʔ²²dɔ³³mẽ⁴⁴]

蚕豆饭。用蚕豆和米一起烧成。"茴豆"[høʔ²²dɔ²²]指的是蚕豆。当地，立夏当日有吃"茴豆糜"的习俗。当地人认为吃"茴豆糜"可以明目。

4-6 ◆芦浦

4-8◆东西街

白粥 [pa⁴⁴tsəʔ¹⁴]

稀饭。用大米煮成。

4-9◆东西街

糯米糜 [nau⁴⁴mĩ¹⁴mẽ⁴⁴]

糯米饭。糯米蒸熟，盖上香菇肉丝等浇头，再撒上油条碎。有的也会加上白糖、黑芝麻等。整个温州地区都比较流行。

糯头糜 [lẽ⁴⁴dɔ²²mẽ⁴⁴]

很稠的粥，或是很软的饭。

4-10◆龙跃居民区

面 [mĩ²²]

面条。当地面条的种类不多。图4-11的湿面比较常见，不易保存，常用于制作炒面。

4-11◆东西街

长面 [dʑ²²mi²¹]

也叫"索面"[sə²⁴mi²¹]。一种长而细的面条。在面粉里加盐和水做成，故略带咸味。产妇坐月子期间，主家会做"长面"招待客人；做寿时，也要吃这种面条，寓意长寿。钱库的龙船埠以做"长面"而闻名，几乎家家户户都做"长面"。

4-12◆项桥

4-13◆东西街

排团面 [bai^{21}tçĩ^{14}mĩ^{21}]

一种薄而宽的面条。主要产自钱库龙船埄。

鏻馃团 [mɔ̃^{14}ku^{41}tçĩ^{14}]

也叫“鏻馃”[mɔ̃^{33}ku^{14}]。米饼。或贴在锅边蒸制，或煎制，或炸制而成。有用糖做馅料的；也有用“茴豆团”[hø^{22}dɔ^{22}tçĩ^{14}]本地产的黄豆（也叫“白马兰豆”[ba^{22}mɔ̃^{14}lẽ^{323}dɔ^{22}]）做馅料的，叫“茴豆团鏻馃”[hø^{22}dɔ^{22}tçĩ^{14}mɔ̃^{33}ku^{14}]，是当地比较普遍且有特色的食品。

4-15◆金处

4-14 ◆东西街

麦子囝 [maꜙꜙtsꞱꜙꜙtɕ̃ĩꜙꜘ]

疙瘩汤。用面粉或米粉做成。过去常辅以丝瓜和南瓜煮熟，现在的吃法就更为丰富了。

4-17 ◆东西街

油饼 [iɑuꛥꛥpiẽꜙꜘ]

一种用油烹制的扁圆状饼。糯米揉团，放在油里或煎，或炸，或烤制而成。

鏒淋绩＝ [mɔ̃ꜙꜘliŋꛣꛥtsaiꛥ꜒]

一种折叠食用的米制薄饼。米粉糊加葱花、虾皮，调好味道，在平底油锅里煎熟。煎成以后，折起来食用，或折好切成小块煮汤食用。也是当地比较普遍且有特色的食品。

4-16 ◆东西街

4-18 ◆东西街

4-19 ◆东西街

肉包 [n̠iəʔ³pɔ⁴⁴]

　　肉馅的包子。蛮话将有馅的面食统称为"包"[pɔ⁴⁴]，以"馅名＋包"的形式称呼带有该馅料的包子。如"肉包"、"菜包"[tsʰa⁴⁴pɔ⁴⁴]、"糖包"[dɔ²²pɔ⁴⁴]糖馅的包子等。

面包 [mĩ³³pɔ⁴⁴]

　　也叫"馒头"[mẽ²²dɔ²²⁴]。无馅的实心面食。因没有馅，都是面，故名。

饺子 [tɕiɔ³³tsʅ¹⁴]

　　用面皮包裹馅料制成的一种食物。人们一般只在家制作饺子馅，而几乎不会在自家擀面制作饺子皮。饺子皮一般从市面上购买，多由机器生产加工而成。

4-22 ◆龙跃居民区

中国语言文化典藏

4-20 ◆东西街

馄饨 [veŋ²²deŋ²²⁴]

一种面皮比饺子薄的有馅食物。一般为纯瘦肉馅，且皮薄馅多，带汤食用。馄饨汤里一般加虾皮、紫菜、蛋皮、榨菜等辅料。是非常受当地人喜欢的一种食物。

4-21 ◆东西街

4-24 ◆东西街

状元糕 [tɕiɔ̃⁴¹n̥ỹ²¹kau⁴⁴]

　　用米粉制成的糕饼。有精致的包装，包装上印有状元模样的人像，故名。是孩子一百二十天庆、周岁庆和上学启蒙时的必备礼品，寓意希望孩子学业有成。

卵糕 [lø⁴⁴kau⁴⁴]

　　一种糕点。由面粉加鸡蛋、糖制成。形状类似蛋糕坯，较小。"卵"[lø⁴⁴]是蛋的意思。

4-23 ◆东西街

阴糕 [ıŋ³³kɑu⁴⁴]

　　一种糕点。将糯米炒熟，磨成粉，加细白糖、水搅拌，放到撒有桂花的模具里，压实，再拿出来放到簸箕里，摊凉置放一个晚上即成。一般在正月里食用，或作为喜庆时的礼物。

百子糕 [pə²²tsʅ⁴⁴kɑu⁴⁴]

　　一种多色的花状糕点。用红、绿等食用色素拌入米粉中制作而成。在订婚、做寿、上梁等喜庆之时，与花生、喜糖等物一起抛撒，寓意多子多孙。

蒸糕 [tɕiŋ³³kau⁴⁴]

一种厚糕点，用糯米粉蒸制而成。因蒸笼的形状不同，蒸出来的形状也有所不同，有圆形、六边形、八边形等。有两种制作方式：一种加红糖，呈红色，叫"红糖蒸糕"[oŋ²²dɔ²²tɕiŋ³³kau⁴⁴]；另一种有上下两层，一半加红糖、一半加白糖，呈双色。蒸制之前，在糕上撒些桂花、芝麻，放点红枣、冬瓜条等物。当地多在做寿、上梁时以此作为礼品赠送亲朋。

油锅⁼ [iau²²ku⁴⁴]

一种油炸食品，外形似扁圆状的菜油灯盏。水磨的米粉加上用葱、豆芽、虾皮、肉末等做成的馅料后，放入模子内做成饼状，放入油中炸成。通常可以作为菜肴食用。

4-28◆东西街

4-29◆东西街

油条 [iau²²diəu²²⁴]

一种油炸食物。中空,长条形,口感较脆。

稻秆绳 [tiəu⁴¹kẽ¹⁴ɕiŋ⁴⁴]

麻花。外裹一层糖霜,口感较脆。

油卵 [iau²²lø⁴⁴]

一种油炸食品,外形似蛋。水磨的糯米粉加上红薯糊,以红糖为馅,揉成球状,放入油中炸成。是当地的一种特色小吃。

油泡枣 [iau²²pʰɔ³³tsau¹⁴]

一种油炸食品,外形似红枣。用糯米粉加糖做成小枣状,放在油中炸,之后在表面裹以白糖粉即成。现在工艺有所改变,外形变为长条状。

4-31◆东西街

4-32◆东西街

4-33◆东西街

鏉馏 [mɔ̃¹⁴liəu²¹]

一种薄饼。米粉糊倒在方形的"鏉淋盘"[mɔ̃¹⁴lɪŋ²¹bẽ²²⁴]饼铛内,快速蒸制成薄片,卷起来切成宽面条状,然后煮熟食用。是当地人常吃的一种点心。

豆腐丸 [dɔ³³vu³³ø³³]

油炸豆腐丸子。将豆腐做成丸子,在油里稍微炸一下,至表面金黄即可。

4-36◆东西街

4-34 ◆东西街　　　　　　　　　　　　　　4-35 ◆东西街

番薯粉 [fē⁴⁴y²¹feŋ¹⁴]

用红薯做的粉丝。红薯磨成粉后，先
蒸熟成块状，然后用刨子刨成丝状，晒干
即成。

藕粉 [ŋɑu³³feŋ¹⁴]

用莲藕做的粉丝。是由从莲藕中加工提
炼出来的淀粉制成的。

豆腐泡 [tɔ⁴¹vu²¹pʰɔ⁵¹]

油豆腐。将豆腐切成小块，在油中炸至蓬松状。因其容易吸收汤汁，以前条件较差时，小
孩子用一块豆腐泡就可以下一顿饭，甚至可以下两顿饭。

4-37 ◆望里

苍南
｜
肆·饮食

豆腐皮 [tɔ⁴¹vu²¹bø²²⁴]

宽豆皮。

豆腐干 [tɔ⁴¹vu²¹kẽ⁴⁴]

经过加工、现成可以食用的豆制品。形状、厚度不一。

4-40 ◆东西街

4-41 ◆东西街

豆腐脑 [tɔ⁴¹vu²¹nɔ¹⁴]

一种半固体豆制品。可甜可咸，根据个人口味进行调味。

豆腐乳 [tɔ⁴¹vu²¹ʑy²²]

腐乳。味咸，可下饭。常作为三餐的配菜，是当地很重要的日常副食。就算一餐没有菜肴，只要有豆腐乳，也能就着米饭解决一顿。

白糖 [pa³³dɔ̃³³]

麦芽糖。当地很多人挑着"糖担"[dɔ̃²²tẽ⁵¹]两端箩筐装着麦芽糖的扁担，走街串巷，以用麦芽糖兑换废品为生。很多生意人都是以此为事业的起点，这也表现出当地人吃苦耐劳的精神。

4-42 ◆垟头

4-43 ◆东西街

□蜂＝[pʰa³³pʰoŋ⁴⁴]

一种凉粉，是透明的半固体饮品。把薜荔果的籽装在布袋里，放在水里反复揉，揉出汁液后，加入石膏水，放置一段时间形成果冻状的饮品。食用时撒上白糖、薄荷、桂花等。夏天比较常见。

4-45 ◆东西街

烧酒 [ɕiəu⁴⁴tɕiəu¹⁴]

白酒。用"番薯丝"烧制的叫"番丝烧"[fɛ³¹sʅ⁴⁴ɕiəu⁴⁴]，用米烧制的叫"米烧"[mi⁴⁴ɕiəu⁴⁴]。当地比较有名的白酒牌子叫"仙堂"[ɕi⁴⁴dɔ³²³]，其白酒酿造技艺被列入温州市非物质文化遗产名录。

4-44 ◆溪头埠

老酒 [lɔ³³tɕiəu¹⁴]

黄酒。在农村叫"红酒"[oŋ²²tɕiəu¹⁴]。产妇坐月子期间，人们会在烧菜时加入少许"姜酒"[tɕiɔ̃⁴⁴tɕiəu¹⁴]生姜油炸后加黄酒制成的酒。当地人认为此物具有暖胃驱寒的作用。

中国语言文化典藏

4-46 ◆东西街

4-48 ◆东西街

双汇酒 [soŋ⁴¹ø²¹tɕiəu¹⁴]

以家酿黄酒代水进行二次酿制的一种酒。呈红色，味道很甜，容易入口，后劲较大。当地人以此为补品。

酱油醋 [tɕiɔ̃⁴⁴iɑu³²³tsʰ ʅ⁵¹]

用酱油和醋混合调成的蘸汁。一般搭配海鲜、白切鸡、饺子等食用。在温州地区盛行。当地比较有名的酱油牌子叫"同春" [doŋ²²tɕʰioŋ⁴⁴]，有百年的历史，其酱油传统酿造技艺被列入温州市非物质文化遗产名录。

4-47 ◆东西街

糯米酒 [nɑu⁴⁴mĩ⁴⁴tɕiəu¹⁴]

用糯米酿制的酒。味甜，颜色偏红。

鱼鲝 [n̠y²²ɕiɔ̃¹⁴]

　　鱼干。鱼剖开，去除内脏后晒干而成。腌制的咸鱼晒干后叫"咸鱼鲝" [ẽ²²n̠y²²ɕiɔ̃¹⁴]。蛮话地区靠海，海产品繁多，因以前没有冰箱等电器，贮存能力差，因此各种鱼都可以晒成"鱼鲝"，有利于长时间保存。鲝类食品在当地十分重要且常见。

墨鱼鲝 [məʔ⁴n̠y²¹ɕiɔ̃¹⁴]

　　墨鱼剖开洗净晒干而成的鱼干。当地人以此为贵重的礼物。旧时，聘礼的"四去＂[sʅ¹⁴tɕʰy⁵¹]订婚时，男方送给女方的四种礼品（见图 7-6）中就有"墨鱼鲝"。

鳗鲞 [mẽ²²çiɔ̃¹⁴]

　　鳗鱼剖开后晒成的鱼干。过年的时候，家家户户都要晒"鳗鲞"。这是一种常见的年货。

菜鲞 [tsʰa³³çiɔ̃¹⁴]

　　巴掌大小的鳐鱼剖开后晒成的鱼干。常与"菜干"（见图4-61）一起煮，故名。日常食用，一般不上酒席。

风鱼炊 [hoŋ⁴⁴n̻y²¹tsʰ ø⁴⁴]

鳐鱼肉切成丝状后晒成的鱼干，是蛮话地区比较有特色的食品。"风鱼炊烧绿豆芽" [hoŋ⁴⁴n̻y²¹tsʰ ø⁴⁴ɕiəu⁴⁴ly³³dɔ⁴⁴ŋɔ̃⁴⁴] 是当地的一道美味佳肴。

带鱼干 [tuɔ¹⁴n̻y²¹kẽ⁴⁴]

带鱼切块晒成的鱼干。直接晒制称为"淡晒" [dẽ⁴⁴so²²⁴]，用盐腌制后再晒制称为"咸晒" [ẽ²²so⁵¹]。

鱼生 [n̦y²²sɛ̃⁴⁴]

腌渍的小带鱼。将小带鱼洗净后，放入盐和酒糟中腌制即成。

4-56 ◆东西街

4-55 ◆东西街

鱼松 [n̦y²²soŋ⁴⁴]

鱼肉去除水分后制成的粉末状食品。

鱼丸 [n̦y²²ø²²⁴]

鱼圆。将鱼肉和着淀粉，捏成丸状。成形后有多种制作方式，可煮、煎、炸等，或配上其他食材烹制。是温州地区的特产之一。

4-57 ◆东西街

鱼饼 [n̦y²²piɛ̃¹⁴]

用鱼肉做成的饼。把鱼肉刮下来后，用手把鱼肉抓得较为细腻，加入淀粉、调料后做成饼状，放油里炸制即成。是本地的特色食品，居家、送礼必备。

4-58 ◆东西街

苍南

肆·饮食

143

虾皮米 [hø²²bø³³mĩ¹⁴]

　　虾皮。可作为配料，放入菜肴和汤类中。是当地最主要的海产品之一，深受人们喜爱。

菜梗 [tsʰa⁴⁴kuẽ¹⁴]

　　腌制的芥菜梗。芥菜除去叶子后，将剩下的部分腌制即成。

菜干 [tsʰa⁴⁴kẽ⁴⁴]

　　芥菜干。由芥菜腌制后晒干而成，或直接晒干而成。农家常备的食物，一般搭配肉、鱼等食物一起食用。

菜咸囝 [tsʰa⁴⁴ẽ²²tɕĩ¹⁴]

　　芥菜晒干后再腌制而成的食物。一般切碎食用或出售。

中国语言文化典藏

4-63 ◆东西街

4-64 ◆东西街

茴豆炒菜咸囝 [hø²²dɔ²²tsʰɔ¹⁴tsʰa⁴⁴ẽ²²tɕĩ¹⁴]

咸菜炒蚕豆。当地常见的农家菜之一。

肉饼 [ȵiəʔ⁴piẽ¹⁴]

用肉末或肉末加少许菜干捏制的饼球状菜肴。风味独特，深受欢迎，是温州地区的特色美食。

发菜丸 [fəʔ⁴tsʰa¹⁴ø³²³]

用发菜做成的丸子，也指用发菜丸子做的汤。因"发菜"谐音"发财"，寓意好兆头，因此这道菜在酒席上常作为头道菜出现。

4-65 ◆夏口

145

菜头蕻 [tsʰa¹⁴dɔ²¹hoŋ⁴¹]

一种大块腌制的白萝卜。白萝卜浸泡或煮熟后，长时间腌制即成。气味很大。

菜头脯 [tsʰa¹⁴dɔ²¹pu¹⁴]

腌制的小萝卜块。萝卜切成小块，晒干后腌制而成。

盘菜脯 [bẽ²²tsʰa³³pu¹⁴]

腌制的芜菁。"盘菜" [bẽ²²tsʰa⁵¹] 指的是芜菁。食用时切成螺旋状，叫"菜头肠" [tsʰa¹⁴dɔ²¹zɔ²²]。

菜头条 [tsʰa¹⁴dɔ²¹diəu²²⁴]

干萝卜条。萝卜切条，经酱油等调料腌制后，晒干而成。

4-68◆东西街

4-69◆李家垟

菜头丝 [tsʰa¹⁴dɔ²¹sɿ¹⁴]

萝卜丝。蛮话地区一般把白萝卜刨成丝以后晒干食用。

酱瓜 [tɕiɔ̃⁴⁴ko⁴⁴]

用酱油、盐等腌制的黄瓜。

4-71◆东西街

4-72 ◆东西街

子瓜 [tsɿ⁴⁴ko⁴⁴]

用颜色偏白、带籽的黄瓜腌制成的食物。

肉松 [nȵiəʔ³soŋ⁴⁴]

瘦肉去除水分后制成的粉末状食品。

4-73 ◆东西街

4-74 ◆东西街

酱油肉 [tɕiɔ̃¹⁴iɑu²¹nȵiəʔ²]

腊肉，一种肉干。酱油中加少许白糖、味精和白酒，将新鲜的猪肉或牛肉浸泡其中，约一个小时后，拿出来晒干而成。是当地的一种特色食品，也是年货之一。

中国语言文化典藏

熏鸡 [feŋ³³tsʅ⁴⁴]

　　熏制的整鸡。将鸡洗净去除内脏，用烟熏制即成。

蛎膏 [lai³³kɔ⁴⁴]

　　去壳的牡蛎。既可生吃也可煮汤，味道鲜美。

苍南

肆·饮食

4-77 ◆东西街

梅鱼圊 [mø²²n̩y²¹tɕĩ¹⁴]

梅童鱼。形小头圆，肉质鲜美。是小孩老人食用的首选。

4-78 ◆东西街

水潺 [ɕy¹⁴zai²¹]

龙头鱼。只有一条主骨，骨头柔软，肉质松软，含水分高，十分鲜美。是当地的主要海产品之一。

红烧黄鱼 [oŋ²²ɕiəu⁴⁴ʒ̃²²n̩y²²⁴]

一种家常菜。旧时，野生黄鱼十分常见，普通人家都能吃到；现在，野生黄鱼已十分珍贵，市面上可见的几乎都是养殖的。

4-79 ◆东西街

黄山 [ɔ²²sẽ⁴⁴]

黄姑鱼。在当地档次次于黄鱼的一种鱼。

4-80 ◆东西街

白鱼 [pa³³ŋy³³]

一种海鱼。多刺，多鳞，肉质鲜美。常清蒸，或烧咸菜。

4-81 ◆东西街

鲳鱼 [tɕʰiɔ⁴⁴ŋy²²⁴]

一种海鱼。少刺，肉质肥美。每年的春夏之交是吃鲳鱼的最佳季节。当地的主要海产品之一。

4-82 ◆东西街

虾蛄虫 [ho³³ku³³doŋ³²³]

虾蛄。每年的 4 到 6 月份是虾蛄最肥美的时候，此时的虾蛄肉厚多汁，有丰富的虾膏。

江蟹 [kɔ⁴¹hai⁵¹]

梭子蟹。多清蒸，或制成"盐江蟹"（见图 4-85）食用。当地的主要海产品之一。

中国语言文化典藏

盐江蟹 [ĩ²²kɔ̃³³hai²¹]

也叫"江蟹剁生"[kɔ̃⁴¹hai⁵¹tɑu⁵¹sẽ⁴⁴]。腌渍的梭子蟹。将新鲜的梭子蟹洗净后，加入盐、醋、糖和胡椒粉等腌制即成。即腌即食，也可以长时间放置。在温州地区非常流行。

丝蚶 [sɹ̩³³hẽ⁴⁴]

血蛤，泥蚶。经开水烫几秒之后即可食用。剥开壳可以看见血一样的分泌液，当地人认为此物补血。

4-89◆东西街

4-87◆东西街

本土蛏 [peŋ⁴⁴tʰu¹⁴tɕʰiŋ⁴⁴]

蛏子。蛮话地区的芦浦一带，盛行滩涂养殖蛏子，一般都是当年放养当年收获。当年收成后遗留在滩涂，过了年关才收获的蛏子，叫"本土蛏"，味道特别鲜美。是芦浦四大名菜之一。

老鸦喙 [lɔ⁴⁴o⁴⁴tɕʰy⁵¹]

贻贝。生于海滨岩石上，煮汤十分鲜美。

蛇鱼 [so⁴⁴ŋy⁴⁵]

海蜇。海蜇皮叫"蛇鱼白"[so⁴⁴ŋy⁴⁵ba²¹]，海蜇头叫"蛇鱼头"[so⁴⁴ŋy⁴⁵dɔ²¹]，海蜇花叫"蛇鱼花"[so⁴⁴ŋy⁴⁵ho⁴⁴]。一般凉拌食用，或搭配酱油醋。是餐桌上常见的特色美食。

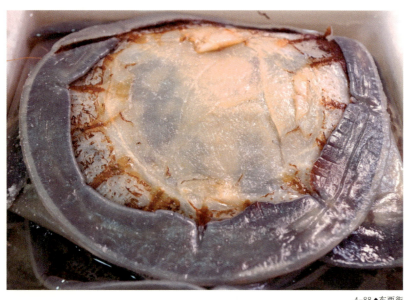

4-88◆东西街

4-90◆东西街

沙蒜囝 [so⁴⁴sø⁴⁴tçĩ¹⁴]

野生的小海葵。当地常用它烧"粉干"[fɐŋ⁴⁴kɛ̃⁴⁴]（见图 8-34），味道特别好。是芦浦四大名菜之一。

油鲟 [iɑu²²zɪŋ²²⁴]

一种生活在近海滩涂的海鳗鱼。外形似黄鳝，但比之细长，手指般大小。煮熟后会渗出许多油脂，故名。是芦浦四大名菜之一。另一名菜，叫"箸头鳟"[ty²²dɔ²¹tsø⁴⁴]，指一种小鳟鱼，外形似筷子般粗细，长约寸许，故名。

4-92◆东西街

天萝瓜汤 [tʰĩ⁴⁴lɔ²²ko⁴⁴tʰɔ̃⁴⁴]

丝瓜汤。夏日常见的农家菜之一，清凉解暑。

4-91◆芦浦

伍·农工百艺

蛮话把做农活叫"做事"[tsɑu⁴⁴ɕiə²¹⁴]。对于当地老百姓而言，每天的生活就是"日出而作，日落而息"。

蛮话地区属于农业区，以种植水稻为主。长期以来，形成了全面、丰富的稻作文化。例如插秧之前整理田地的过程，就分为"犁塍""掘塍""耜塍"等多道工序。因为稻作的工序和技术相对比较复杂，所以农具也多种多样。不过，随着农业技术水平和机械化程度的不断提高，传统的耕作方式已经大大简化，农民的体力劳动时间得以缩短，工作量也有了大幅度的下降。

除种植水稻外，靠海的地区渔业、滩涂养殖业发达。蛏子养殖是蛮话地区的一大特色产业。不过，现在因为提倡环境保护，许多人不再从事滩涂养殖这一行业了。

蛮话把做手工艺活叫"做工夫"[tsɑu¹⁴koŋ³³fu⁴⁴]。在当地老百姓的认知中，这些事

情都是要费工夫的。例如"做泥水""做木""做篾"等，当地有"做木老师"[tsɑu¹⁴məʔ²lɔ³³sʅ⁴⁴]木匠和"做篾老师"[tsɑu¹⁴miəʔ²lɔ³³sʅ⁴⁴]篾匠。各种手工艺品不但自用，也用于销售，以满足不同人的需求，因此蛮话地区的"会市"[ø⁴⁴zʅ²²]集市比较多。但是，随着经济发展，以前木制、竹制的手工艺品如今多被塑料、不锈钢制品替代。

另外，蛮话地区虽处沿海平原地区，但历来人多地少。因此，手工业发达，特别是纺织业，织造的土布常销往邻近各县。也有经商的传统：以前盛行商贩挑着货郎担，穿街走巷；现在，随着经济的发展、网络与交通的便捷，这种肩挑小贩的经商模式已经绝迹。

跟温州其他地区一样，近几十年来，蛮话地区很多人都外出经商，很多村子只剩下老年人在家里生活和务农。不过，随着城市建设的发展，也有越来越多的年轻人愿意回乡工作。

5-1 ◆肥艚

塍 [dzai²²⁴]

种植水稻的水田。靠近河流、便于灌溉的水田，叫"河牯头塍" [ɑu²²ku¹⁴dɔ²²dzai²²⁴]；离河流较远、灌溉不便，且收成较差的水田，叫"垟心塍" [iɔ²²çiŋ⁴⁴dzai³²³]。

园 [hø²²⁴]

旱地。一般种植红薯、日常生活用到的蔬菜瓜果等，不种植水稻，能够满足并丰富农家的食物，做到自给自足。

园底 [hø²²ti¹⁴]

房前或屋后的菜园子。种瓜种豆，方便取用。多设有封闭的篱笆，防止家禽、家畜进入。

5-2 ◆岭脚

5-4 ◆岭脚

山园 [sẽ⁴⁴hø²²⁴]

在山坡上开垦的园地。基本都用来种植红薯，也兼种麦子和蚕豆。蛮话地区多山，因此"山园"也较多。

犁塍 [lai²²dzai²²⁴]

耕田，犁田。旧时用牛拉犁来耕田，现在基本用拖拉机耕田。一般要犁四遍：干田犁两遍，第一遍叫"起白杆"[tsʰŋ¹⁴pa⁴¹kẽ¹⁴]，第二遍叫"溜⁼塍"[liəu⁴⁴dzai²²⁴]；之后要注水，再犁两遍，第一遍叫"犁本地"[lai²²peŋ¹⁴di²²]，第二遍叫"犁插地"[lai²²tsʰəʔ⁴di²²]。

掘塍 [kuəʔ⁴dzai³²³]

挖地。犁完田之后，用锄头将较大的土块掘细。也可指掘田，松土。另有用耙弄碎土块的农事，叫"耙塍"[bo²²dzai²²⁴]。

耥塍 [tsɿ⁴⁴dzai²²⁴]

耖田，插秧前平整土地。"耥塍"要两遍，第一遍叫"耥本地"[tsɿ⁴⁴pəŋ¹⁴di²²]，第二遍叫"耥插地"[tsɿ⁴⁴tsʰəʔ⁴di²²]。

插腾 [tsʰəʔ⁴dzai³²³]

插秧。蛮话地区，水稻种植一年两季，早稻要在立夏前插秧，晚稻则是在立秋前插秧。

壅腾 [ioŋ¹⁴dzai³²³]

人工施肥。旧时的肥料一般是粪肥，用"料勺"[liəu²²ʑy²²]长柄的粪勺施粪肥叫"壅壅"[ioŋ¹⁴ioŋ⁵¹]。除了粪肥以外，辅助的肥料还有"泥灰"[nai²²hø⁴⁴]干泥块和稻草一起烧成的灰，以及河泥。此外，还会种植紫云英、红花草等物，然后沤肥，以提高土地肥力。

5-10 ◆夏口

5-11 ◆肥艚（周元斌摄）

薅䅧 [hɔ⁴⁴dzai²²⁴]

耘田，人工除草。除草一般要进行三次，第一次是松根，第二次是除幼草，第三次是除大草。

扬粟 [iɔ̃²²tɕʰy⁵¹]

扬糠。借自然风扬去稻谷里的杂物。如果没风，也会用"风车"[hoŋ³³tɕʰi⁴⁴]（见图5-43）来扬糠。

割稻 [kəʔ⁴dieu²¹]

割稻子。要割两季稻。大暑前后割早稻，稻子割下后运到"稻坛"（见图1-51）打稻。割完早稻后要马上接种晚稻，因此农历六月是一年中最忙的时候。霜降前后开始割晚稻，并直接在稻田里打稻。这项工作需要在立冬前完成。

5-13 ◆肥艚（周元斌摄）

5-12◆舭艚

拍稻 [pʰa¹⁴diəu²¹]

打稻子。旧时，都是用"稻桶"[tiəu⁴⁴tʰoŋ¹⁴]
（见图5-52）架住"桶梯"[tʰoŋ⁴⁴tʰai⁴⁴] 打稻用的
梯子，外面围着"桶头簟"[tʰoŋ⁴⁴dɔ²¹dai²²] 防止稻子
四溅的席子，朝桶内甩打稻子。产生的稻秆可堆
成稻秆垛。现在机械化普及，人们用打稻机
打稻，稻秆也被随之打碎。

5-14◆金处

铰米 [kɔ⁴⁴mĩ¹⁴]

给稻子去壳。旧时用"砻"[loŋ²²⁴]（见图
5-44）去壳；现在机械化普及，都用机器
去壳。

5-15 ◆浦前

筛米 [tʰa⁴⁴mĩ¹⁴]

用米筛分离米糠。将去过壳的稻米放在米筛上晃动，将米与未去净的糠分离。

割油菜 [kəʔ⁴iɑu²²tsʰa⁵¹]

收割成熟的油菜。油菜一般在晚稻收割之后播种，立夏之前收割。油菜收割之后可种早稻，以充分利用土地。收获的油菜籽可用来榨油，而油菜秆则可沤肥或用作燃料。

5-17 ◆岭脚

煨灰 [ø³³hø⁴⁴]

烧泥灰。将泥土晒干，敲成小泥块，接着将稻草捆成一捆做芯，然后用泥块将稻草围好，最后点燃稻草，将稻草和泥块一起焚烧成泥灰。搁置一段时间后形成的泥灰是一种天然的肥料。

5-19 ◆岭脚

掘番薯 [guəʔ²fɐ⁴⁴y⁴⁴]

挖红薯。红薯一般在小满和芒种之间压苗，到农历十月份收获。

拔苗豆 [pəʔ⁴hø²¹dɔ²¹]

拔蚕豆。蚕豆的种植时间和油菜相同，有时也和油菜套种。蚕豆收割后，就可"剥苗豆" [pʰu⁵¹hø²¹dɔ²¹] 剥蚕豆、吃"苗豆糜"（见图 4-7）。"食新" [ʑi²²ɕiŋ⁴⁴] 吃新米（见图 8-40）的时候，农家会用蚕豆炸制兰花豆，十分美味。

5-16 ◆马鞍桥

5-18 ◆岭脚

锄头 [dy²²dɔ²²⁴]

5-20◆岭脚

翻土、除草用的农具。山里用的锄头叫"山锄头" [sẽ³³dy²²dɔ²²⁴]，柄较长。

辘耙 [lɔʔ²boᵔ³³]

5-21◆溪头埠

钉耙。齿为金属，在稻畦间除草用。

泥锤 [nai²²dy²²⁴]

　　木制的榔头。在泥土晒干之后，用"泥锤"将其敲碎，使之成为小泥块，接下来就能烧泥灰了。

5-22◆横街

5-23◆岭脚

扁担 [pĩ¹⁴tẽ⁵¹]

挑东西的用具。竹制或木制，两头平或两头上翘。旧时，蛮话地区挑担走街串巷做生意的人较多，以此得来的收入是主要的经济来源，因此有"一条扁担供一家侬"的说法。

5-24◆岭脚

楤担 [tɕʰioŋ³³tẽ⁴⁴]

尖头担。竹制。挑稻子、稻秆、柴火等用。

畚箕 [peŋ⁴⁴tɕʰiaʔ¹⁴]

畚箕。无柄的开口簸箕，斗形。用来撮稻谷，也用来搬运稻谷。

5-25◆肥艚

169

5-26 ◆肥艚

5-27 ◆横街

簸箕 [po⁴⁴tsʅ⁴⁴]

圆盘形的竹匾。大小不一，功能各异：小的用来簸谷、糠等物；大的可以用来养蚕，也可以用来晾晒食物。蛮话地区正月十五有"抬簸箕神"[dø²²po⁴⁴tsʅ⁴⁴ʑɪŋ²²⁴]（见图8-15）的习俗，人们认为这样能预测人的吉凶祸福。

灰箕 [hø³³tsʅ⁴⁴]

一种用于运输物品的竹器。主要用以运输泥土。因制作比较粗糙，所以也常用来指代人品不好的人。

簟箩 [tai³³lo³³]

箩筐。一般是成对的。容量较大，一担能装下重约两百斤的谷物。主要用来储存并运输稻谷、"番薯丝"等物。

5-28 ◆岭脚

篮箈 [lɛ̃²²bu²²]

用宽篾编成的筐子，孔较大。一般用来装瓜果、红薯等物。

秧篮 [ɔ⁴⁴lɛ̃¹⁴]

有底无边的篮子。两侧各有一条用竹篾编成的耳朵。两个"秧篮"可组成一副担子，用来装运秧苗。

苍南

伍·农工百艺

5-31 ◆岭脚

稻笼团 [tiəu⁴⁴loŋ²¹tɕĩ¹⁴]

　　一种在水田托运稻子的器具。底座为两块上翘的木料，没有轮子，上可放稻捆。

镰钩刀 [lĩ²²kɔ⁴⁴tau⁴⁴]

　　镰刀。用于割稻。

5-32 ◆东西街

柴刀 [dzɔ²²tau⁴⁴]

　　砍柴、劈柴用的刀。刀口处有个弯曲的尖头，既用于保护刀刃，也用于分开柴火。

5-33 ◆岭脚

中国语言文化典藏

草刀 [tsʰɔ⁴⁴tɑu⁴⁴]

一端装有木柄的弯刀，用于割草、割柴火。现在务农的人少了，"草刀"的使用率也变得不高。但扫墓时还是需要带把"草刀"，以清理坟头的杂草，因此基本每家都备有一把。

5-34 ◆东西街

5-35 ◆岭脚

边岸草刀 [pĩ⁴⁴ŋẽ²²tsʰɔ⁴⁴tɑu⁴⁴]

半月形的刀。装有长木柄，用于铲除田埂边的草。

耙团 [bo²²tɕĩ¹⁴]

竹制的小耙子。用来收拢稻草。

5-36 ◆东西街

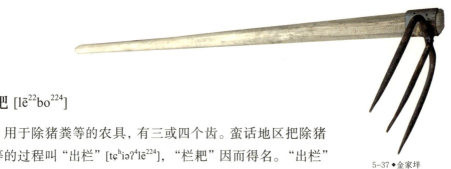

栏耙 [lɛ̃²²bo²²⁴]

用于除猪粪等的农具，有三或四个齿。蛮话地区把除猪粪等的过程叫"出栏" [tɕʰiə²⁴lɛ̃²²⁴]，"栏耙"因而得名。"出栏"必须在农历带三、六、九的日子进行，并且当地人认为"出栏"是污秽的事情，完成之后要将棕叶烧成灰，以表示净身。

5-37 ◆金家垟

5-38 ◆乾头

粟耙 [tɕʰy¹⁴bo³²³]

谷耙。长柄；柄的一端安有一块木板，板下装有木齿。晒谷子时用来翻稻谷。

耙 [bo²²]

水田里牛拉的松土用的农具。

5-40 ◆岭脚

犁 [lai²²⁴]

牛拉的翻土用的农具。由"犁身"[lai²²ɕiŋ⁴⁴]、"犁头"[lai²²dɔ²²⁴]、"犁柄"[lai²²pa⁵¹]、"犁壁"[lai²²pi⁵¹]_{连接犁身和犁头的部件}等部分组成。

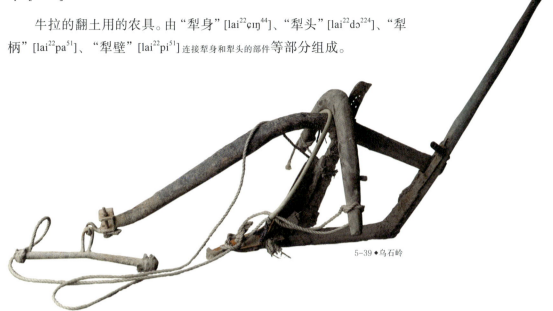

5-39 ◆乌石岭

耖 [tsʅ⁴⁴]

牛拉的平整水田用的农具。田地多的人家会将"犁""耙""耖"等农具备齐。

5-41 ◆乌石岭

水车 [tɕy⁴⁴tɕʰi⁴⁴]

龙骨车，灌溉稻田用的农具。由四部分组成："车头架" [tɕʰi⁴⁴dɔ²²ko⁵¹]、"车板" [tɕʰi⁴⁴pai¹⁴]、"车骨" [tɕʰi⁴⁴kuə?⁴] 和 "车桶" [tɕʰi⁴⁴tʰoŋ¹⁴]。"车头架" 上装有 "车跦" [tɕʰi⁴⁴lø²²]，"车跦" 由车鼓、横轴和木轮组成。

砻 [loŋ²²⁴]

舂米前给稻谷去壳的工具。其最重要的部件叫 "砻齿" [loŋ²²tsʰ̩¹⁴]，用熏过的毛竹片制成，较密，摩擦力强。"砻米" [loŋ²²mĩ¹⁴] 是手工碾米的第一道工序，去除的壳叫 "砻糠" [loŋ²²kʰɔ̃⁴⁴]。

舂臼 [tsoŋ³³gu³³]

用来舂米等物的器具。与 "舂杵" [tsoŋ⁴⁴tɕʰy¹⁴] 用来捣米等物的杵 搭配使用。

5-42 ◆岭脚

5-43 ◆项家桥

风车 [hoŋ³³tɕʰi⁴⁴]

扇谷车，用来扇谷子、米。碾米后，用它手动去除杂质。风车上漏斗状的进料口叫"风车斗" [hoŋ³³tɕʰi⁴⁴tɔ¹⁴]。

磨 [mɔ²²]

石磨，把粮食弄碎的工具。通常由以下几部分组成：圆形磨盘，用于磨碎粮食，分为上下两扇，其中上扇中用于添加粮食的洞叫"磨眼" [mɔ⁴⁴ŋai²²⁴]；"磨槽" [mɔ³³zɔu³³]，位于下扇磨盘的下方，用于承接被磨碎的粮食；有的还带有把手，这个把手叫"磨柄" [mɔ⁴⁴pẽ²²⁴] 或"磨手" [mɔ³³tɕʰiəu¹⁴]。

5-47 ◆余家慕

5-46 ◆余家慕

磨担 [mɔ̃³³tẽ⁴⁴]

连接石磨和拉磨牲畜之间的 L 形木头。

米筛 [mĩ⁴⁴tʰa⁴⁴]

筛子。竹制，圆形，底部有细小筛眼。主要用于筛去米中的杂物。当地还有一个习俗：邻居的房子上梁时，要在自家门口挂"丈竿" [dɔ̃³³kẽ⁴⁴]竹竿，用红绸把"米筛"绑在竿头，人们认为这样可以保护自家的风水。

扬粟筛 [iɔ̃²²tɕʰy⁴⁴tʰa⁴⁴]

一种筛子。边沿较"米筛"高，筛眼较"米筛"大。用来去掉刚收割的稻谷中的杂质。

5-51 ◆东西街

粉筛 [fen⁴⁴tʰa⁴⁴]

一种筛子。边沿高约 10 厘米，用绢或钢丝网做底，筛眼非常细密。主要用于筛粉制品。

稻桶 [tiəu⁴⁴tʰoŋ¹⁴]

木制圆形的桶。桶身较大。打稻子用，也可用来存放稻谷。

5-52 ◆岭脚

软簟 [n̩ỹ¹⁴dai²¹]

一种竹席。大而软，用来晒稻谷、"番薯丝"等物。还有一种竹席叫"桶头簟"，比"软簟"多了固定用的竹架子，打稻时围在稻桶上，以防止稻谷飞溅。

5-53 ◆仙平

5-55◆余家慕

鼓篓 [ku⁴⁴lau¹⁴]

竹篾编成的匾,无孔。有大小之分:大的叫"大鼓篓"[to⁴⁴ku⁴⁴lau¹⁴],小的叫"琐鼓篓"[sai¹⁴ku⁴⁴lau¹⁴]。可以存放、晾晒东西;也可在打稻子时盖在"桶头簟"上,防止谷子飞溅。

5-54◆岭脚

篱屏 [li²²piŋ¹⁴]

晒干货用的竹簟。竹篾之间的缝隙比较密,表面凹凸不平,较通风,利于物品晒干。富裕人家备有较多的"篱屏",也是财富的象征。农闲时,"篱屏"也可做隔板或屏风。

做海侬 [tsɑu⁴⁴hø¹⁴noŋ³²³]

以捕鱼为生的渔民。苍南有 206 千米的海岸线，沿岸都是从事渔业的渔民。蛮话地区的渔民主要集中在舥艚、芦浦、新城、炎亭、白沙一带。旧时，都是小船出海，不但要靠天吃饭，而且风险很大。

渔船 [ŋy²²ʑioŋ²²⁴]

用以捕捞和采收水生动植物的船舶。旧时出海捕鱼都是小渔船，现在多是机械化程度高的大型渔船。

苍南｜伍·农工百艺

5-58◆肥艚（刘登棒摄）

扳罾 [pɛ̃³³tsai⁴⁴]

也叫"鱼罾"[ȵy²²tsai⁴⁴]。一种捕鱼工具。用四根竹竿为骨架，顶端系在一起并绑上一根较粗的竹竿，底部缀上渔网。把网沉入水下，待鱼进入网中，拉起顶端的粗竹竿即可捕鱼。用"扳罾"捕鱼叫"扳鱼"[pɛ̃⁴⁴ȵy²²⁴]。

放丝帘 [poŋ¹⁴sʅ³³li³³]

在内河放丝网捕鱼。用尼龙丝织成帘状的网，顶部用竹竿穿好，即成"丝帘"[sʅ⁴⁴li³²³]丝网。捕鱼的时候将网往外放，像帘子一样挂在河里，等鱼入网后，再把网收拢。

5-60◆炉头（刘登棒摄）

抛鱼 [pʰɔ³³ɲy³³]

在内河撒网捕鱼。旧时，因河网众多，且无人管理，村里都有专门的捕捞队进行捕鱼。不过现在"抛鱼"行为被禁止了。

鱼篰 [ɲy²²bu²²]

装鱼用的竹筐。用粗篾编成，孔较大，直筒形，容量大。

5-62 ◆后垟増

鱼籯 [ɲy²²la¹⁴]

装鱼虾的小竹篓。竹篾制，在内河或滩涂上捕鱼虾时，系在腰间，放置抓到的小鱼、小虾。

5-61 ◆肥艚

渔网 [ɲy²²moŋ²²]

渔民捕鱼的重要工具。旧时，根据网眼大小的不同，渔网有不同的名字，用来捕捉不同大小的海鲜。渔民根据不同的季节来修补不同的渔网。

5-63 ◆大奋心

泥托 [nai²¹tʰəʔ¹⁴]

在滩涂上行进用的一种交通工具，形似小船（见图 5-64）。用于捕蛏子、弹涂鱼等海产品。使用时，一脚屈膝跪于"泥托"上，另一脚蹬行。技术好的渔民运用此物犹如使用雪橇，滑行如飞，来回如梭（见图 5-65）。

5-64 ◆鉴后垟

5-65◆鉴后垟

5-66◆东西街

密头囝 [miə²⁴do²¹tɕĩ¹⁴]

也叫"密刀"[miə²³tɑu⁴⁴]。灰匙,是泥水匠的重要工具之一。用于搂取蛎灰。另外还有"灰板"用来抹平墙面。

5-67◆东西街

吊锤 [tiəu¹⁴dy³²³]

泥水匠用的坠子。上端绑绳子。用来测量墙面是否垂直。

蛎灰桶 [lai³³hø⁴⁴tʰoŋ¹⁴]

泥水桶,泥水匠的工具之一。用来装运水泥、石灰等物。

5-68◆岭脚

砖刀 [tsø³³tau⁴⁴]

瓦刀。铁制,顶端为一块平板。用于切砖、切瓦,铲取蛎灰,砌砖、砌墙等,功能较多。

刨 [bɔ²²]

木工的刨子。大小形制多样,功能较多。

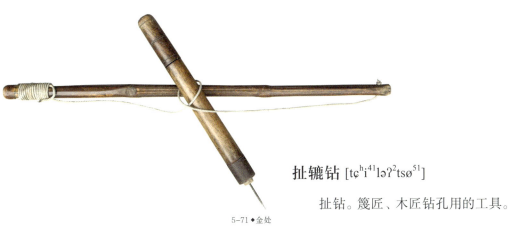

扯辘钻 [tɕʰi⁴¹lə?²tsø⁵¹]

扯钻。篾匠、木匠钻孔用的工具。

5-74 ◆护法寺

斧头 [pʰu¹⁴dɔ³²³]

斧子，一种削砍工具。木匠的工具之一。

5-72 ◆护法寺

墨斗 [məʔ⁴tɔ¹⁴]

传统木匠的工具之一。用沾了墨的细绳来画直线。墨斗上一端拴着线的坠子叫"墨斗槌" [məʔ⁴tɔ¹⁴dy³²³]，用来收线的手柄叫"划手柄" [o²²tɕʰiəu¹⁴pã⁵¹]，中间的线叫"墨斗线" [məʔ⁴tɔ¹⁴ɕĩ⁵¹]。

5-75 ◆岭脚

凿 [zɑu²²]

凿子。开槽或开孔用。

锯 [tɕy⁵¹]

锯子。刀刃为锯齿状，用来锯木头等。其中需要两个人拉的大型锯子叫"解板锯" [kai⁴¹pai¹⁴tɕy⁵¹]。

5-73 ◆东西街

木马 [mə?²⁴mo¹⁴]

木匠的工具之一。用于架住需要锯断的木头等物。

5-76 ◆乌石岭

拍石部 ⁼[pʰa¹⁴zə?²bu²²]

打石料。旧时蛮话地区的房子多是石头墙，故有专门从事打石料的工匠。他们将石料打成整石，用于砌墙铺路。

5-77 ◆燕窝洞

5-78◆燕窝洞

铁锤 [tʰiəʔ⁴dy³²³]

打石头用的锤子。锤头为铁制。锤柄用两到三片的竹片制成，因此可弯曲，具有弹性，以缓冲打击时的反作用力。

石雕 [çiəʔ³tiəu⁴⁴]

在石头上雕刻花纹、文字等。钱库大魁桥的石狮子是典型的石雕作品，形态各异，栩栩如生。

5-79◆燕窝洞

5-80 ◆大河川底

5-81 ◆大河川底

瓦坯 [ŋɔ̃²²pʰø⁴⁴]

也叫"瓦桶"[ŋɔ̃²²tʰoŋ¹⁴]。瓦片坯子。对半切开后就成了瓦片。

做瓦坯 [tsau¹⁴ŋɔ̃²²pʰø⁴⁴]

制造瓦坯。以稻田下层的黏土为原料，通过反复踩踏，形成厚泥块，一片片切割下来，围在模具上形成桶状，晾干后就是瓦坯。

篾刀 [miəʔ³tau⁴⁴]

破开竹篾时用的刀。小的叫"篾刀囝"[miəʔ³tau⁴⁴tɕĩ¹⁴]（见图5-83）。

5-82 ◆东西街

5-83 ◆东西街

5-84 ◆东西街

5-85 ◆章均垟

见门 [tɕĩ¹⁴mø³²³]

　　一种铁制刀具。将其固定在一张凳子上，可用来把篾丝刮光滑。

拍簝箩 [pʰa¹⁴tai³³lo³³]

　　用篾条编制箩筐。

雕花 [tiəu³³ho³³]

　　在木料上雕刻花草树木、历史人物等的一种工艺。大户人家的房梁、门窗、家具等都带有雕花的材料。在木料上雕花的工匠，叫"雕花老师"[tiəu³³ho³³lo³³sʅ⁴⁴]。当地人把手艺工匠统称为"老师"[lo⁴⁴sʅ⁴⁴]。

5-87 ◆夏八美

中国语言文化典藏

草鞋耙 [tsʰɔ¹⁴ai²²bo²²⁴]

打草鞋的工具。有齿如耙，用来固定打草鞋的绳子；柄下有木钩，可以固定在其他器具上。

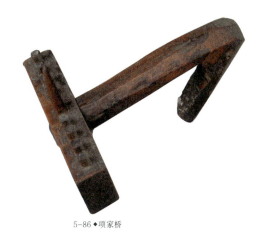

5-86◆项家桥

剃头店 [tʰi¹⁴dɔ²¹tai⁵¹]

理发店。旧时，理发有三种形式：第一种是包年，叫"剃包头" [tʰi¹⁴pɔ³³dɔ³³]，冬至开始剃，第二年冬至收钱；第二种是在"剃头担" [tʰi¹⁴dɔ²¹tẽ⁵¹] 剃头挑子临时理一下，叫"剃散头" [tʰi⁵¹sẽ¹⁴dɔ³²³]；第三种是到理发店理发，比较讲究。女孩"剃包头"，从出生时开始计算费用，等到出嫁时，男方会跟理发师结账，付给理发师"弥陀包" [mi²²du²²pɔ⁴⁴] 理发费用。因为收入低，所以理发师一般都兼职当地的吹打，在红白喜事时赚些外快。

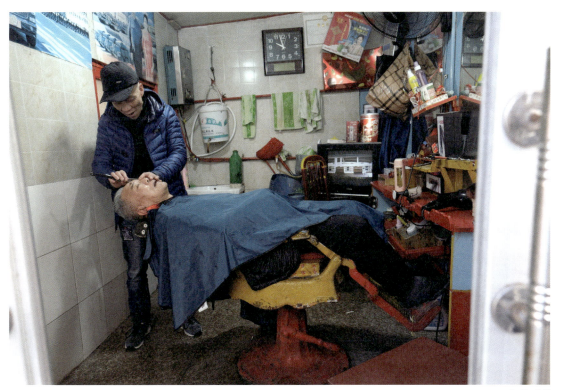

5-88◆岭脚

5-89 ◆岭脚

洋剪 [iɔ̃²¹tsai¹⁴]

也叫"剃头剪" [tʰi¹⁴dɔ²¹tsai¹⁴]。理发用的推子。

裁缝剪 [za²²oŋ²¹tsai¹⁴]

裁缝专用的剪刀。

5-92 ◆东西街

剪头尺 [tsai¹⁴lɑu²¹tɕʰy⁵¹]

裁缝用的竹尺。

5-93 ◆东西街

熨斗 [uɘʔ⁴tɔ¹⁴]

熨烫衣物的用具。旧时使用的是内置炭火的熨烫工具，现在都使用电熨斗。

5-95 ◆余家慕

5-90 ◆岭脚

5-91 ◆东西街

剃头刀 [tʰi¹⁴dɔ²¹tau⁴⁴]

剃刀。用来刮胡子和脸上的绒毛，也用来剃光头。

耳朵扒团 [ɲi⁴⁴tau¹⁴bo²²tɕĩ¹⁴]

耳挖子，挖耳屎用的小器具。旧时理发还带有刮胡、挖耳等服务。

洋车 [iɔ²²tɕʰi⁴⁴]

缝纫车。在二十世纪七八十年代，曾作为女子的嫁妆之一。

5-94 ◆东西街

铁锤团 [tʰiə²⁴dy²¹tɕĩ¹⁴]

小铁锤。敲钉子、修鞋用。

5-96 ◆东西街

鞋底卵团 [ai²²tai¹⁴lø⁴¹tɕĩ¹⁴]

鞋钻。纳鞋底时用。

5-97 ◆东西街

洋弹 [iɔ²²dẽ²²⁴]

用以弹松棉花的机器。

5-99 ◆后垟增

弹棉花 [dẽ²²mĩ²²ho⁴⁴]

用机器把棉花弹松，以便纺纱或制作棉胎。

棉尺 [mĩ²²tɕʰy⁵¹]

用于牵引棉胎上的纱线的工具。

197

弹棉 [dẽ²²mĩ²²⁴]

　　手工把棉花弹松，以制作棉胎的过程。"弹棉"的步骤之一是："弹棉"的人背着"背担"[pai⁴¹tẽ⁵¹]，上有"牛弓"[ŋ²²tɕioŋ⁴⁴]，用"棉花槌"[mĩ²²ho⁴⁴dy³²³]敲打"牛弓"来击打棉花，使其变松。

中国语言文化典藏

5-101◆三石桥（吕正义摄）

5-102◆后垟增

棉托 [mĩ²²tʰə?¹⁴]

用于压实棉被的工具。底部为一块圆形板，上端带有把手。

纺车 [pʰoŋ⁴⁴tɕʰi⁴⁴]

纺纱车，把棉花纺成棉纱的器具。

5-103◆余家慕

绞机 [kɔ⁴⁴tɕy⁴⁴]

旧式的织布机。手工投梭。

5-105 ◆后垟增

纱缚拎 [so⁴⁴vu²²lɪŋ⁴⁴]

一种纺纱工具。纺完的棉纱绕在锭上，规格不固定，需要用"纱缚拎"绕成固定的大小。用来固定"纱缚拎"的木架子叫"纱缚骹"[so³³vu⁴⁴kʰɔ⁴⁴]。

5-106 ◆岭脚

纱缚 [so⁴¹vu²¹]

高约 30 厘米的木架子。从"纱缚拎"上取下的纱线如要"上经"[ɕiɔ³³kɛ⁴⁴]在织布机的布枷上布好经线，则要先绕在"纱缚"上。

夹花 [kəʔ⁴ho⁴⁴]

夹缬。用带镂空花纹的夹板夹住白布，放入盛有靛蓝染液的染缸里上色。这项传统手工艺被列入浙江省非物质文化遗产名录。

5-107 ◆后垟增

5-109◆东西街

拍铜担 [pʰa¹⁴doŋ²²tẽ⁵¹]

铜匠的工具担子。可以挑起穿街走巷。

剪纸 [tsai³³tsʅ¹⁴]

一种用剪刀或刻刀在纸上剪刻花纹的民间艺术。将纸折成不同的形状后进行裁剪，可得到不同的样式；或是在纸上先描好图案，再进行裁刻。

5-108◆东西街

捏侬囝 [nəʔ⁴noŋ²²tɕĩ¹⁴]

用年糕制作的人或物。形态各异，非常精致。"侬囝" [noŋ²²tɕĩ¹⁴] 是小人儿的意思。

穿馒头伏 [tɕʰioŋ⁴¹mẽ²¹dɔ²¹hɔ⁴¹]

制作米塑，是一种传统民俗工艺。用煮熟的米粉团作为原料，通过揉、捏、掐、刻等多种手法，制成各种人物、走兽、花鸟。已被列入浙江省非物质文化遗产名录。在当地，米塑一般在喜庆活动时使用。蛮话地区的倪处村以制作米塑而闻名。

苍南 ｜ 伍·农工百艺

山货店 [sẽ⁴⁴fu¹⁴tai⁵¹]

杂货商店。主要销售农具、竹制品、蒲草编织物、盘碗等物品。

店囝 [tai⁴⁴tɕĩ¹⁴]

小杂货店。

南货店 [nẽ²²fu¹⁴tai⁵¹]

　　以销售从广东、福建等地产的货物为主的商店。主要有木耳、香菇、桂圆、荔枝、红枣等，也兼营糕点、果品等副食品。

百货店 [pa⁴⁴fu¹⁴tai⁵¹]

　　销售日用百货的商店。

苍南　伍·农工百艺

5-116◆东西街

5-122◆岭脚

摊囝头 [tʰẽ⁴⁴tɕĩ¹⁴dɔ³²³]

从店面延伸出来、摆放货物的小摊子。

地摊 [ti³³tʰẽ⁴⁴]

没有固定铺位的临时摊点。一般是当地农家将家里自产自制的农产品拿出来销售时，临时摆放货品的地方。

酒抽 [tɕieɨ⁴⁴tʰiəu⁴⁴]

竹篾编成的篓形器具，取酒用。酒在坛中酿熟后，把"酒抽"插入酒缸中，可滤取干净的酒液。

5-117◆横街

米管 [mĩ³³køˀ¹⁴]

也叫"半斗管"[pẽ¹⁴tɔ²¹køˀ¹⁴]。舀米用的竹筒子。一"米管"的米重约一斤，即为半斗，故名。

5-121◆东西街

铜盘秤 [doŋ²²bẽ²²tɕʰɪŋ⁵¹]

盘秤。托盘为铜制，秤星为银制。一般称体积较小、零散的物品。

此外，秤盘为簸箕的秤叫"簟箩秤"[dai²²lɑu¹⁴tɕʰɪŋ⁵¹]，用来称体积大、数量多的物件；以克为单位的戥子叫"银秤"[n̠ioŋ²²tɕʰɪŋ⁵¹]，主要用于金店；以钱为单位的戥子叫"钱秤"[zĩ²²tɕʰɪŋ⁵¹]，主要用于中草药店。

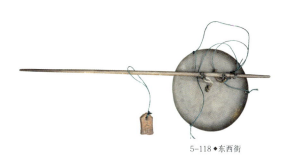

5-118◆东西街

5-119◆东西街

钩秤 [kɔ⁴¹tɕʰɪŋ⁵¹]

一种带钩的秤。大小不一，秤纽有两个，秤星有两排：背上的秤星度量大，侧面的秤星度量小。

大梗秤 [to⁴⁴kuẽ¹⁴tɕʰɪŋ⁵¹]

特大的钩秤。度量较大，称重物用，有时需要两人抬着。该秤也叫"子孙棒"[tsɿ⁴⁴sø⁴⁴bɔ²²]，因为蛮话说"大秤瑬斗损后代"，意思是缺斤少两要损及后代，旨在提倡公平交易，故名。

5-120◆溪头埠

陆·日常活动

当地百姓日常生活简朴，但也有自己的娱乐方式和精神生活。

农闲或休息的时候，人们有各自消磨时间、缓解疲劳的方式。男人们聚集在屋檐下"讲闲谈"[kɔ̃¹⁴ai²²dẽ²²⁴]聊天，分享各类信息，聊聊家长里短。妇女在院子里念着童谣，逗弄孩子。孩子们三五成群，或"跳六格"[tʰiəu¹⁴ləʔ⁴ka⁵¹]跳房子，或玩"雕鹰衔鸡囝"[tiəu³³iŋ⁴⁴gẽ²²tsʅ⁴⁴tɕi¹⁴]老鹰捉小鸡，或玩"伏□"[hɔ⁴⁴lɑu¹⁴]捉迷藏。成年人玩的麻将、扑克等游戏都是后来传入本地的。孩子们没有什么玩具，游戏也是因陋就简，但具有很强的运动性、互动性和合作性，对于一个人的健康成长起到了很好的作用，也成为一生中不可磨灭的记忆。

蛮话地区家族意识浓厚，每年春节和中秋都要在祠堂举行祭祖仪式。此外，如遇

中国语言文化典藏

兄弟分家、结婚、添丁等大事，或逢农历每月的初五、初十，也会在祠堂办酒席。祠堂既是蛮话人举行重要仪式的场所，也是同宗族的宗亲之间联络感情的重要场地。

人们认为信仰不仅是个人修为，也是为子孙积德，因此过了壮年之后，多数人会选择"拜经"[pai⁴⁴tɕiŋ⁴⁴]念经作为人生的寄托。蛮话谚语"老侬家老人想拜经"，就是这种生活的写照。除此之外，外来的宗教，如天主教、基督教，在蛮话地区也都有一定的信众。

当地民间神道众多，寺庙道观常见。蛮话地区把寺庙叫"殿"[dai²²]，比如"杨老爷殿""胡府殿"。在现实生活中，人们遇小事烧香拜佛，遇大事则念经作法。其他如算命看相、抽牌测字等活动也时常可见。

祠堂酒 [zๅ²²dɔ²²tɕieu¹⁴]

　　春节、中秋节在祠堂举行完祭祖活动后所举办的酒席。一般来说，按规定轮流承办。如果当年家里添了新丁，一定要承办一桌，叫"添丁酒" [tʰi³³tiŋ⁴⁴tɕieu¹⁴]。旧时，每家都会把自己承办的酒席席面挑到祠堂。另外，还有一种在神灵诞辰之日于庙宇里举办的酒席，叫"福酒" [hɔ⁴⁴tɕieu¹⁴]。

6-1 ◆东西街

斗=伍食 [tɔ¹⁴ŋ²²ʑi²²]

凑份子聚餐。亲戚、朋友、邻居之间长久不见，互相凑份子聚餐，加强感情联络。

座位 [sø⁴¹y²¹]

酒席上落座的位置。蛮话地区酒席上的座位比较讲究，一般有"头位"[dɔ²²y²¹]、"阁老"[kə²ʔlɔ¹⁴]、"陪位"[bø²²y²¹]和"车水头"[tɕʰi⁴⁴tɕy¹⁴dɔ³²³]："头位"是最重要的位子，一般由舅舅来坐；辈分高的人坐"阁老"，"阁老"对面坐小辈的人；坐在"陪位"的人一般和坐"头位"的人同辈分；"车水头"一般坐陪酒的人。敬酒由"车水头"发起，从敬"头位"开始，逆时针进行。

6-2 ◆鉴桥

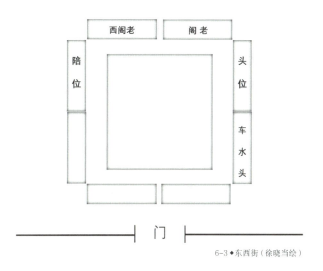

6-3 ◆东西街（徐晓当绘）

6-4 ◆肥艚

6-5 ◆东西街

茶盏 [dzo²²tsɛ̃¹⁴]

茶盅，喝茶用。

茶壶 [dzo²²vu²²⁴]

泡茶和斟茶用的带嘴器皿。

水烟 [tɕy⁴⁴nĩ⁴⁴]

烟丝。主要储存在铜制的"水烟盒"
[tɕy¹⁴nĩ²¹ha²²] 小烟盒里。

6-6 ◆东西街

水烟筒 [tɕy¹⁴nĩ²¹doŋ³³]

抽水烟用的烟筒，竹制或铜制。将储存在"水烟盒"里的烟丝放到"烟筒盏" [nĩ⁴⁴doŋ²²tsɛ̃¹⁴] 烟筒上装烟丝的孔里，点燃烟丝后用"烟嘴" [nĩ⁴⁴tɕy¹⁴] 滤嘴吸烟。"水烟筒"装有水，烟通过水的过滤，味道变得比较柔和。

6-7 ◆岭脚

6-9 ◆ 耙艚

会市 [ø⁴⁴zɿ²²]

集市。以前交通不便，商品较少，人们通过集市进行物资交换。在当地比较著名的集市有：农历正月十五、三月廿三、五月初二和九月初九的钱库集市，正月十三的白沙刘店集市，清明和九月十五的金乡集市，三月廿七的郑家楼集市，四月初一的泮河集市，四月初八的芦浦集市，四月十五的仙居集市，端午的耙艚集市，五月初十的缪家桥集市，五月十三的垟头集市，九月十五的河头集市。

讲闲谈 [kɔ̃¹⁴ai²²dẽ²²⁴]

聊天。在蛮话地区，闲时大家喜欢聚在一起聊天。这是消磨时光、分享信息、沟通感情的重要方式。

6-8 ◆ 鉴桥

6-13 ◆鉴后垟

来花会 [li²²høⁿⁿø²¹]

也叫"来十二名" [li²²sə²⁴n²²miɐ̃²²]。押宝，年节期间的娱乐活动之一。道具由会签、签筒、"什物袋" [sə²⁴mə²²tø⁵¹] 组成。签名依次为吉品、太平、银玉、万金、青元、合同、正顺、井利、志高、占魁、上招、元贵。其中太平这一签摆在桌面上不动，下家在标有签名的方格内押上钱币，上家从"什物袋"内摸出签筒，从签筒里抽出签名后喊报。若下家押中，则上家一赔九；若下家押不中，则上家赢。

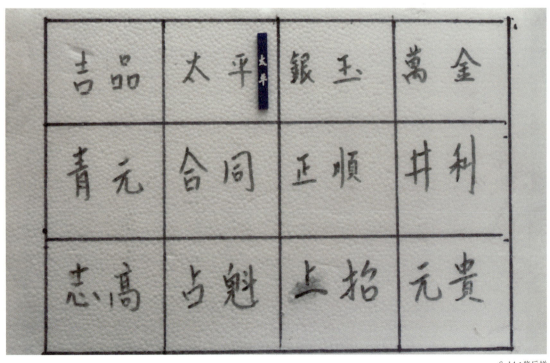

吉品	太平	银玉	万金
青元	合同	正顺	井利
志高	占魁	上招	元贵

6-14 ◆鉴后垟

6-11 ◆ 三石桥

来番薯九 [li²²fɛ⁴⁴y²¹kɔ¹⁴]

玩骨牌。"番薯九" [fɛ⁴⁴y²¹kɔ¹⁴] 指的是
牌九，即骨牌。每种图案都有固定的名称，
如"天牌""地牌""虎头""爷祖翁"等。
基本玩法是以骨牌点数大小分胜负。

6-12 ◆ 三石桥

着棋 [tɕiə¿²⁴dzɿ³²³]

下棋，一般指下象棋。旧时常见的娱乐
活动之一。

6-10 ◆ 东西街

6-15 ◆东西街（徐晓当摄）

□骹 [gɑu²²kʰɔ⁴⁴]

斗鸡游戏。双手扳住一条腿，使其屈膝压于另一条腿上；两人单脚跳，并用屈腿的膝盖互抵。这个游戏既比力气也比平衡能力。

6-16 ◆东西街（徐晓当摄）

骑马将军 [dʐ̩²²mɔ̃¹⁴tɕiẽ³³tɕioŋ⁴⁴]

一种游戏。一个小孩骑在另一个小孩的背上，与另一组背上的小孩两头相抵，比力气大小。后来演变成两个或三个小孩架着一个小孩，两组孩子相比。

6-18 ◆ 东西街（黄少微摄）

6-17 ◆ 东西街（黄少微摄）

砸纸包 [dza²²tsɹ⁴⁴pɔ⁴⁴]

　　一种游戏。将纸折成四方形的纸包，相互砸对方的纸包。将对方的纸包砸翻至另一面者为赢。

翻茅坑 [pai¹⁴mẽ²²kʰẽ⁴⁴]

　　翻绳子的游戏。玩时，先用手指把绳子钩成四方形，像茅坑状，故名。可通过不同的手法使绳子变化出不同的花样。

踱铁环 [lø⁴⁴tʰiəʔ⁴guẽ³²³]

　　滚铁环。"踱" [lø²²] 是滚动的意思。用顶端是 U 字形的铁棍或铁丝，推一个铁环向前跑。又稳又快者赢。

跳六格 [tʰiəu¹⁴ləʔ²⁴ka⁵¹]

跳房子。一种儿童游戏。

6-20◆东西街（黄少微摄）

跳橡皮筋 [tʰiəu¹⁴ɕiɔ²¹bi²¹tɕioŋ⁴⁴]

一种适宜于儿童的游戏，比较受女生欢迎。

拍地跦 [pʰa¹⁴ti⁵¹lø²¹]

抽陀螺。当地把陀螺叫作"地跦" [ti¹⁴lø²¹]。

苍南 ｜ 陆 · 日常活动

水铳 [tɕy¹⁴tsʰoŋ⁵¹]

竹制的简易水枪。旧时孩子的玩具之一。

搞蟋蟀团 [kɔ¹⁴səʔ⁴səʔ²tɕĩ¹⁴]

斗蟋蟀。旧时,孩子们在乱石堆、墙脚处抓到蟋蟀,把蟋蟀置于陶罐里,用麦秆挑弄蟋蟀使其互斗;现在,则将其置于塑料盆等容器中。夏日,孩子们常聚在屋檐下一起玩。

飞纸鹞 [pø⁴⁴tsʅ¹⁴iəu⁵¹]

放风筝。农历二月踏青的时候,当地多放风筝。

十八变 [səʔ⁴pəʔ¹⁴pĩ⁵¹]

一种纸制玩具。将纸折叠成带有四个尖角、八个三角形平面的形状:四个尖角下面,可供左右手的大拇指和食指放置,朝不同的方向张动手指,则可露出不同的面;八个不同的面上标有不同的文字,通过张开的次数来获得不同的指示。

苍南 陆·日常活动

6-28◆东西街

纸弓箭 [tsʅ¹⁴koŋ⁴¹tɕĩ⁵¹]

硬纸折成的箭。用橡皮筋做弓将其射出。

纸飞机 [tsʅ¹⁴fi³³tsʅ⁴⁴]

纸折的飞机,孩子的玩具之一。以飞得远者为胜。

6-27◆东西街

6-29◆东西街

纸船 [tsʅ¹⁴ʑ̩ioŋ³²³]

纸折的船，孩子的玩具之一。将其放到小溪或小河里，漂得远、漂得久、不下沉者为胜。

鸟弹 [tiəu¹⁴tẽ⁵¹]

弹弓。用树丫做支撑，或用钢丝折成架子，绑上橡皮筋制成。以前，小孩子一般用来打鸟玩，故名。

6-30◆东西街

6-31 ◆岭脚

京鼓 [tɕiŋ³³ku¹⁴]

当地比较有特色的一种鼓。以竹条做托，将鼓架于腰间。是红白喜事时，吹打班里必备的一种打击乐器。

戏台 [sʅ¹⁴da³²³]

演出戏曲的专门场地。蛮话地区几乎所有村庄都有祠堂或庙宇，其中多建有戏台，主要供演地方戏、唱"娘娘词"[n̠iɔ²²n̠iɔ²¹zʅ²²⁴]温州鼓词之用。

6-32 ◆鲸头

6-33 ◆鲸头

杨老爷 [iɔ²²lɔ³³i³²³]

　　当地的一位海上保护神，本名杨精义。是温州一带传说中的人物，传说他在唐朝时期于瑞安修道成仙。渔民多信奉"杨老爷"。供奉"杨老爷"的庙宇叫"杨老爷殿"[iɔ²²lɔ³³i²¹dai²²]。

妈祖娘娘 [mɔ⁴⁴tsu¹⁴n̩iɔ²²n̩iɔ²¹]

　　当地的一位海上保护神，渔民多信奉。本名林默，生于福建莆田湄洲岛。苍南地区因受福建妈祖文化的影响，妈祖信奉盛行，苍南县现有妈祖庙130多座。

6-34 ◆横街

五显爷 [ŋ³³çĩ¹⁴ʔĩ³²³]

当地的一位保护神。原名显德，排行第五，全称"上善五显灵官大帝"。有些人将"五显爷"当作财神来信奉。

娘娘妈 [n̠iɔ²²n̠iɔ²²mẽ¹⁴]

也叫"陈十四娘娘"[dʑɿŋ²²sɘʔ⁵¹n̠iɔ²²n̠iɔ²¹]。蛮话地区一个重要的保护神，本名陈靖姑。供奉"娘娘妈"的庙宇叫"娘娘宫"[n̠iɔ²²n̠iɔ²²tɕioŋ⁴⁴]。当地人到"娘娘宫"求子的较多，有"脱娘娘鞋"的习俗，即夜里到"娘娘宫"祭拜，脱去"娘娘妈"的旧鞋，换上自己带的新鞋，之后将旧鞋带回家，以此祈佑得子。

土地翁 [tʰu¹⁴di²²oŋ⁴⁴]

土地爷，管理某一地方的神。蛮话地区盖房子"起土"（见图1-52）时，需要祭祀土地翁，求其保佑工程顺利。工程竣工后，还要"清土"[tɕʰɯ⁴⁴tʰu¹⁴]送土地翁，将祭祀时供奉的土地翁牌位移至新落成的房屋的阁楼里。

三官爷 [sẽ³³kuẽ³³i³³]

　　分别掌管"天""地""水"的天官、地官、水官。蛮话地区的人相信如果当年与"天""地""水"之一犯冲，需要到"三官爷"前祭拜。

6-40◆东社

林泗爷 [lɪŋ²²sŋ¹⁴ⁱⁱ³²³]

　　一位被神化的人。原名林昉，在兄弟中排行第四，被叫林泗，钱库舥艚人。因生前做了很多好事，逝后被神化，被尊为"林泗大帝"。每年农历六月初八是"林泗爷"的诞辰，东社、舥艚等地都会举行隆重的"抬大猪"[dø²²to³³ty⁴⁴]仪式，也叫"排殿猪"[bai²²tai³³ty⁴⁴]。该仪式已被列入温州市非物质文化遗产名录。

6-39◆东社

6-41◆忘洲山

佛陀阁 [fə?⁴dɔ²²kɑu⁵¹]

佛龛。用于摆放神像。

蒲团 [bu²²dø¹⁴]

供人跪、坐的圆形用具，多见于寺庙。旧时用蒲草编成，现已不多见；如今多为木制。

拜经凳 [pai¹⁴tɕiŋ⁴¹tai⁵¹]

寺庙里祈愿时跪拜用的凳子。矮小，方形，有坡度，可坐可跪。

6-43◆鉴后垟

6-42◆芦浦

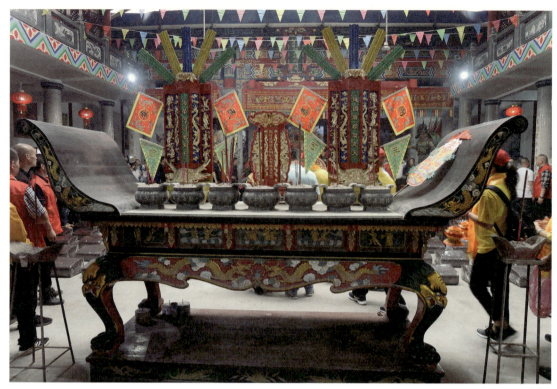

6-44◆林家塔

龙桌 [loŋ²²tɑu⁵¹]

也叫"神桌"[zɪŋ²²tɑu⁵¹]。寺庙里供奉香烛、祭品,用来迎神祭祀的桌子。

香炉 [çiɔ̃⁴⁴lu¹⁴]

插香用的炉子。

6-45◆东社

金银纸 [tɕiŋ⁴⁴n̩ɪŋ⁴¹tsɿ¹⁴]

　　印有金箔或银箔的纸。功能相当于纸钱、冥币。

神花 [ʑɪŋ²²ho⁴⁴]

　　用小竹条和彩纸扎成的花束。插在香炉内，用于祭祀神明。

6-46 ◆ 垟头

233

祠堂 [zๅ²²dɔ̃²²⁴]

　　祭祀祖先的场所，也可举办一般的宗族活动。蛮话地区宗族意识浓厚，每年春节和中秋都要在祠堂举行祭祖仪式，叫"春秋两祭" [tɕʰioŋ³³tɕʰiəu⁴⁴lɔ̃¹⁴tsๅ⁵¹]，之后办"祠堂酒"（见图6-2）。祭祖仪式既是祭祀祖先的重要活动，也是同宗族的宗亲之间联络感情的纽带。此外，当地人如遇兄弟分家、结婚、添丁等大事，或逢农历每月的初五、初十，也会在祠堂办酒席。

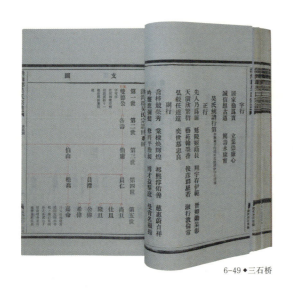

家谱 [ko⁴⁴pʰu¹⁴]

　　家族的族谱。当地人每隔十年或二十年会修家谱，叫"造家谱" [zɔ²²ko⁴⁴pʰu¹⁴]。每个宗族都很重视修家谱。家谱修好之后，要进行"圆谱" [ỹ²²pʰu¹⁴]仪式，请和尚、道士来做道场。家谱中一般只记载直系的男性子孙，用红线表示其传承关系。因此，若添新丁，蛮话称其为"牵红筋" [tɕʰๅ⁴⁴oŋ³³tɕioŋ⁴⁴]。该宗谱编修习俗已被列入浙江省非物质文化遗产名录。

6-50◆东西街

6-52◆夏口

护身符 [vu²²ɕɿŋ⁴⁴vu²²⁴]

护身的灵符。在蛮话地区，如果孩子年幼多病，家人就会到道观或寺庙请符咒，将其缝在布袋里，挂在孩子身上。民间认为此举能保孩子平安健康成长。

爷祖翁阁 [i²²tsɿ¹⁴oŋ⁴¹kɑu⁵¹]

旧时供奉祖宗牌位、香炉的台架子，类似神龛。位于后厅左侧或右侧墙的上方。逢年过节，人们在此上香祭祀。现在已不多见，多由香炉代替，置于家中或移至祠堂。

爷祖翁 [i²²tsɿ⁴⁴oŋ⁴⁴]

祖宗牌位。一般供奉在"爷祖翁阁"里。

6-51◆项家桥

供桌 [koŋ¹⁴tɑu⁵¹]

　　放置在堂屋"照镜"（见图1-8）前的长方形桌子，比普通的桌子高。桌面上放烛台、香炉、果盘等供祭祀之物。左右两侧各有一个抽屉，内放香烛等。

鏆灶头佛 [ˀmã⁴⁴tsɔ¹⁴dɔ²²vəʔ²]

　　灶神，灶王爷。灶王爷的生日为农历的八月初三，这一天与农历十二月廿四，当地人都要祭灶神。蛮话地区有"鏆灶头佛直直报"的说法，指为人说话若不懂委婉，太过直来直往，容易得罪人。因此，蛮话地区的灶王爷多是歪着贴的。

6-54 ◆岭脚

檐头亲爷 [ŋĩ²²dɔ²²tɕʰɪŋ³³i³³]

　　檐头神，传说是姜子牙。在苍南，说蛮话的人和说闽南话的人都信奉"檐头亲爷"。旧时，农家在屋檐下挂一个香炉供奉"檐头亲爷"。民间认为，如果孩子身体不适，给"檐头亲爷"上香便能保佑其平安健康。端午时小孩子手腕上系的五色线，一般要在七夕（说蛮话的人）或中元（说闽南话的人）时，在"檐头亲爷"前焚化。

6-55 ◆李前

237

门神 [mø²¹ʑɪŋ²²⁴]

　　司门守卫之神。蛮话地区的门神是秦琼、尉迟恭。旧时，过年前夕，要在大门上贴门神像，人们认为这样能保平安。

八卦镜 [pəʔ⁴ko⁴¹tɕiẽ⁵¹]

背面是八卦、正面是镜子的一种辟邪物品。旧时为防煞，在建筑前会建"照屏" [tɕiəu¹⁴bɪŋ³²³]照壁，其上挂"八卦镜"。

泰山石敢当 [tʰa⁴⁴sẽ⁴⁴ɕiəʔ⁴kẽ⁴⁴tɔ⁴⁴]

用来辟邪的石碑。民间认为，当自家房子跟道路、河流、建筑物等的风水有冲突时，可立一块"泰山石敢当"来挡煞。

　　旧时，蛮话地区在婚丧嫁娶方面的仪式复杂，礼节繁多。娶亲蛮话叫"讨亲"[tʰau⁴⁴tɕʰiŋ⁴⁴]，从相亲到结婚要经过"七年甲""合婚""小定""拣日子""大定"等流程，可见"讨亲"之不易。当地人宗族意识浓厚，娘舅的地位十分重要，所以在结婚当天的喜宴上，娘舅要坐"头位"。娘舅不到，喜宴无法开始。重男思想严重，在婚俗上也处处体现着传宗接代的观念，如女方的嫁妆里必须有"子孙桶""子孙灯""子孙袋"等物件。丧事也十分讲究，丧礼期间要请和尚、道士做法事，子孙们要披麻戴孝，坟墓要建得高大气派，讲究排场。

　　蛮话地区对生育也非常重视，人丁兴旺是头等大事。因为宗族意识浓厚，故若一

个家庭添了新丁，就要在祠堂办酒席，宴请整个家族的人。在孩子的成长过程中，每到一个阶段，如"满月""四个月""对周"等，都要进行相应的仪式，娘家都要送礼以示祝福。

蛮话地区重人情。在婚丧嫁娶等人生大事中，不但亲朋好友从四方会聚，一起庆祝新人喜结良缘、共同哀悼老人的故去，还会逢喜事或丧事送人情。

以前，在婚礼中有哭嫁、在丧事中有哭丧的形式，现在这些形式已逐渐退出历史舞台。随着社会的发展，青年人的思想日益开放，许多婚俗也随之简化，重男的思想也在慢慢淡化。因国家提倡移风易俗，丧葬习俗也在不断简化。

7-1 ◆夏口

媒侬 [mø²²noŋ²²⁴]

　　媒人。给人说媒叫"做媒" [tsɑu¹⁴mø³²³] 或"做媒侬" [tsɑu¹⁴mø²²noŋ²²⁴]。媒人成功撮合一对新人，能够得到丰厚的红包，除了从男方拿到"媒侬包" [mø²²noŋ²¹po⁴⁴] 之外，还可以从男女双方得到"合包" [ha³³po⁴⁴]。给媒人的"合包"，男方给多少钱，女方也要给多少钱。

7-4 ◆东西街

小定 [ɕiəu¹⁴dɪŋ²¹] │ **大定** [to⁴¹dɪŋ²¹]

　　"小定"指订婚。"大定"指下聘礼，并告知女方结婚的日子。

　　"小定"时，男女双方确定婚姻关系，商定彩礼钱。男方要先给一部分彩礼钱，同时给女方"定头手指" [dɪŋ²²do²¹tɕʰiəu³³tsʅ¹⁴] 金戒指（见图 7-5）；剩余的彩礼钱在"大定"时付清。

　　"大定"时，下聘礼。聘礼一般包括"财礼银" [za²²lai¹⁴nioŋ³²³] 彩礼钱和"四去〓" [sʅ¹⁴tɕʰy⁵¹] 四种礼品（见图 7-6）。同时，男方还要把写有婚期的纸给女方，叫"送日子" [soŋ¹⁴niəʔ²tsʅ¹⁴]。

7-2 ◆东西街

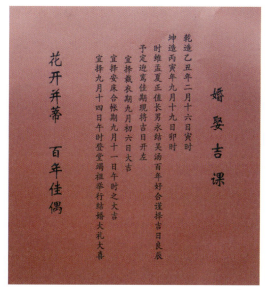

7-3 ◆东西街

合婚 [ha³³hø⁴⁴]

合八字。男女双方在相亲之后，如果觉得对方合适，会将双方的生辰八字写在红纸上，拿到算命先生处问询是否适合结婚。

拣日子 [kai¹⁴ȵiəʔ²tsʅ¹⁴]

请人择定办喜事的日子。会用专门的格式写在专门的红纸上。

四去⁼ [sʅ¹⁴tɕʰy⁵¹]

四种礼品。订婚时，由男方送给女方。一般包括黄鱼、猪肉、长寿面和一种贵重的海鲜。现在多折合成现金，以红包的形式呈现。

定头手指 [diŋ²²dɔ²¹tɕʰiəu³³tsʅ¹⁴]

金戒指。订婚时，由男方给女方。

7-5 ◆夏口

7-6 ◆夏口

7-7 ◆夏口

回定 [ø²²dɪŋ²²]

女方给男方的回礼。包括衣服、水果、糕点和红包等。

簟箩囝 [dai²²lo²¹tɕĩ¹⁴]

小的箩筐。有盖子，其上印有双喜字；一般成对。订婚、结婚时用于挑送礼品。

7-8 ◆横街

7-9 ◆东西街

子孙灯 [tsɿ¹⁴søˀ³³tai⁴⁴]

结婚当天使用的一对煤油灯。现在一般
为红色。

7-10 ◆东西街

子孙桶 [tsɿ¹⁴søˀ⁴⁴tʰoŋ¹⁴]

结婚当天用的马桶。现在多用制作精美
的工艺品代替，取其"多子多孙"之寓意。

水挈 [tɕy⁴⁴tɕʰiəʔ¹⁴]

一种椭圆形的木制水桶。把手部分被制
成展翅天鹅的形状，十分精美。旧时用于浣
洗内衣、袜子及婴儿尿布。女方的嫁妆之一。
"挈" [tɕʰiəʔ²⁴] 是提的意思。

花鼓桶 [ho³³ku⁴⁴tʰoŋ¹⁴]

一种形如花鼓状的桶。中空，有盖，桶
面绘有精致的图案。可坐，也可用于存放小
物件。旧时女方的嫁妆之一，一般成对。

7-11 ◆岭脚

7-12 ◆桐桥

嫁资 [ko⁴⁴tsɿ⁴⁴]

也叫"嫁妆"[ko⁴⁴tsɔ̃⁴⁴]。指女方的陪嫁品。旧时女孩的陪嫁有"板箱"（见图2-92）、"衣橱"（见图2-94）、"坐船交椅"（见图2-55）、"子孙灯"（见图7-9）、"子孙桶"（见图7-10）、"水挈"（见图7-11）、"花鼓桶"（见图7-12）、衣服、布料、棉被等。蛮话地区为水乡，旧时出行通用船只，因此结婚时有用船将嫁妆运到男方家的习俗，并且在婚礼当天要将"衣橱""板箱"等家具中的衣服、布料等陪嫁展示给宾客看。

7-14◆夏口

开额 [tɕʰy⁵¹ŋa²²]

旧时女子出嫁前绞脸、开面的仪式。

拜堂 [pai¹⁴dɔ̃³²³]

婚礼中的一种仪式。旧时，婚礼的拜堂仪式为一拜天地、二拜高堂、夫妻对拜、送入洞房。现在的婚礼都比较西式，但是仍有人喜欢举行传统的中式婚礼，有拜堂的仪式。

入洞房 [sə̃ʔ⁴doŋ²²ɔ̃²²⁴]

也叫"进洞房"[tɕɪŋ¹⁴doŋ²²ɔ̃²²⁴]。新人完婚后，两人进新房的仪式。"入洞房"后，新郎新娘要吃汤圆、喝红糖茶。

7-17◆夏口

掇糖茶 [təʔ⁴dɔ̃²²dzo²²⁴]

婚礼当天的酒席上，新娘子在小姑子的带领下，给男方的长辈敬茶。"掇糖茶"也兼有认人的作用，新娘通过小姑子的介绍可以认识男方的各位长辈。新娘子敬茶后，长辈给新娘的红包叫"掇茶包" [təʔ⁴dzo²²pɔ⁴⁴]。

正厨 [tɕiɐ̃¹⁴dy³²³]

结婚当天中午，男方办的酒席。此时，男方的舅舅要坐"头位"的位置，舅公要坐"阁老"的位置。此外，结婚前一天晚上，男方还会办"起媒酒" [tsʰŋ¹⁴mø²¹tɕiəu¹⁴] 感谢媒人，这时媒人要坐"头位"的位置。结婚当天晚上，男方还要办一场酒席，叫"坐筵暝" [sø⁴⁴ɿ²²mɐ̃¹⁴]暝: 夜晚，此时新娘要坐"头位"的位置。旧时，男方举办的这些酒席，女方的亲戚朋友，甚至女方的父母都不会受邀出席，只有伴娘陪伴新娘出席。

7-18◆金处（金亦余摄）

做月里 [tsau¹⁴n̦iə?⁴li²²]

7-21◆东西街

坐月子。产妇分娩后休养的月期内叫"月里底"[n̦iə?⁴li²²ti⁴⁴]月子里。一般都休养一个月，故名。

报酒 [pɑu⁴⁴tɕiəu¹⁴]

孩子出生后三天内，向娘家报喜时携带的物品。女婿提着"报酒挈"[pɑu⁴⁴tɕiəu⁴⁴tɕʰiə?¹⁴]一种装物品的礼器，用以报喜，内装家酿米酒、"长面"和肉等礼物，送到丈母娘家。

食面酒 [ɕi⁴⁴mĩ⁴⁴tɕiəu¹⁴]

吃"长面"。产妇坐月子期间，亲朋好友来看望产妇和孩子时，主家会烧"长面"给客人吃。"长面"中会放很多的家酿黄酒，因此酒味十分浓重。

7-19◆金处（金亦余摄）

7-20◆东西街

7-22 ◆夏口

送月里羹 [soŋ¹⁴n̠iə? ⁴li²²kẽ⁴⁴]

娘家给坐月子的女儿送礼物。一般送"长面"、鸡蛋、海鲜、婴儿衣物等。若是头胎，还要送大公鸡。也有亲友送礼的。

四个月 [sɿ⁴⁴kø¹⁴n̠iə?²]

孩子出生的第四个月。需要宴请宾客。此时娘家要送糕点、红鸡蛋、孩子的衣服、孩子坐的玩具、孩子的饰物等。糕点的形制主要为石榴花，叫"花桃" [ho⁴⁴dɑu³²³]；饰物主要有银佩、手镯、脚链等。

7-23 ◆夏口

对周 [tø⁴⁴tɕiəu⁴⁴]

孩子周岁。要宴请宾客。娘家要送糕点、红鸡蛋、孩子的衣服及饰物等。与"四个月"时不同的是：孩子周岁时多已会走路，因此衣服中含有鞋袜；饰物主要有银项圈和脚链；糕点是一岁的寿桃，叫"合=桃"[ha³³dɑu³³]。

7-24 ◆ 夏口

背巾 [pai³³tɕioŋ⁴⁴]

背小孩用的长布巾，一般为蓝色。"上栋梁"（见图1-53）的时候，要用"背巾"把梁拉上去，然后把"背巾"挂在梁上，寓意房屋的主人子孙满堂。

7-25 ◆ 乌石岭

7-26 ◆夏口

7-27 ◆横街

银佩囝 [n̠ioŋ²²bai²²tçĩ¹⁴]

孩子戴的银佩。上面一般刻有"长命百岁"等字样。

手铰囝 [tçʰiəu⁴⁴kɔ⁴¹tçĩ¹⁴]

孩子戴的手镯。上面一般挂有"银奶"[n̠ioŋ²²nai⁴⁴]供孩子吮吸的饰物、"银锁"[n̠ioŋ²²sau¹⁴]寓意锁住孩子的手,不乱碰东西、"银落壳生"[n̠ioŋ²² lɔʔ²kʰɔʔ⁴sẽ⁴⁴]银质花生和铃铛等坠子。

寿桃 [ɕiəu³³dɑu³³]

一种祝寿用的、状如桃子的米塑。一般由女婿赠送;如果没有女婿,就由外甥赠送。五十岁以上"做寿"时才使用;三十岁、四十岁庆生时不用"寿桃",而用"长骹麻糍"[dɔ²²kʰɔ⁴⁴mɔ²²zʅ²²⁴]长条形的年糕。

7-29 ◆东西街

做寿 [tsɑu⁴⁴ʑiəu²¹]

每逢整十岁时，为庆祝生日举行的活动。蛮话地区以庆祝三十岁、五十岁、六十岁、七十岁四个生日时最为隆重，一般四十岁和八十岁不"做寿"。如果选择四十岁"做寿"，人们为避忌讳，改叫"小八十"[ɕiəu³³pəʔ⁴zəʔ²]。

锦帐 [tɕiŋ¹⁴tiɔ̃⁵¹]

用红色绸缎制成的寿幛。上绣有"三星"图案或"寿"字；左右各有对联，绣有寿星及送礼人的姓名。旧时，"锦帐"一般挂在"照镜"（见图1-8）上。

苍南

柒·婚育丧葬

7-31 ◆东西街

寿衣 [ɕiəu³³i⁴⁴]

人去世之后穿的衣服。旧时，老人过了五十岁都会提前准备寿衣等物，用来"压寿" [a⁴⁴ziəu²²] 延长寿命，希望以此能添寿。只有每年农历的六月初六才会把"寿衣"拿出来晒一下，其他时间都不允许丝毫的触碰。

寿鞋 [ɕiəu³³ai³³]

人去世之后穿的鞋子。寿鞋、寿衣等物皆不能使用动物皮毛，当地人认为使用动物皮毛制品来世会转生为动物。

寿帽 [ɕiəu⁴¹mau²¹]

人去世之后戴的帽子。

7-32 ◆东西街

7-33 ◆东西街

中国语言文化典藏

渡被 [to⁴⁴bø²²]

也叫"水被" [tɕy¹⁴bø²²]。逝者穿戴好后，躺在停尸板上时盖的被子。信奉佛教者一般头朝东、脚朝西而躺，寓意往西方极乐世界一路坦荡。

7-34 ◆东西街

灵堂 [lɪŋ²²dɔ̃²²⁴]

人去世以后，临时设置，供亲友吊唁的场所。其内摆有逝者的香炉、"木主" [mə²⁴tɕy¹⁴]灵位、供品等。过完"三七" [sẽ⁴⁴tɕʰiə²¹⁴]逝者去世后的第三个七日之后，才会撤去。

7-35 ◆冯店

麻衫 [mã²²sẽ⁴⁴]

　　用麻布制成的丧服。儿女、儿媳妇、女婿、长孙必须穿"麻衫"。其他人穿白布孝服，叫"孝衫" [hɔ⁴⁴sẽ⁴⁴]。

7-36◆东西街

披麻戴孝 [pʰi⁴⁴mã⁴⁴ta¹⁴hɔ⁵¹]

　　长辈去世后，子孙要头戴"孝头巾"，身穿"麻衫"。

7-39◆冯店

中国语言文化典藏

孝头冠 [hɔ¹⁴dɔ²²kuẽ⁴⁴]

孝子戴的孝帽。丧礼时，孝子要着"正孝" [tɕiẽ¹⁴hɔ⁵¹]：头戴"孝头冠"，身着"麻衫"，腰系麻绳，脚穿麻鞋。麻鞋必须反穿。"正孝"的帽子是用三根稻草绳编成的头冠，正中间缀一条麻布。如果是长子，还要在麻布上缀一根红绳子，长孙同长子。非孝子的孝帽用白布做成，叫"戴白" [ta¹⁴ba²¹]。

7-37◆东西街

孝杖 [hɔ¹⁴dziẽ²¹]

将树枝缠上麻布制成的木棒。办丧事时，长孝子如果年龄较大，则要拿一根"孝杖"。

7-40◆东西街

孝头巾 [hɔ¹⁴dɔ²²tɕioŋ⁴⁴]

戴在头上的头巾。蛮话有"二代白、三代红、四代绿、五代黄"的说法。即逝者的子辈要戴白色的"孝头巾"，孙辈戴红色，曾孙辈戴绿色，玄孙辈戴黄色，非直系孙辈则戴蓝色的"孝头巾"。

7-38◆冯店

苍南

柒·婚育丧葬

259

7-41 ◆冯店

幡囝 [fɛ̃⁴⁴tɕĩ¹⁴]

将写有逝者及后代名字的纸挂在竹竿上做成的幡。做道场、出殡时，由长孙扛着。下葬之后，在逝者坟头焚烧，用来超度亡灵。

做殓暝 [tsɑu¹⁴li³³mɛ̃³³]

逝者去世三天以内的某个晚上，亲人请和尚、道士为其超度所做的法事。"做殓暝"当晚宴请亲戚朋友的酒席叫"闹丧酒"[nɔ̃⁴⁴sɔ̃⁴⁴tɕiəu¹⁴]，可荤可素。

7-42 ◆冯店

中国语言文化典藏

吊孝 [tiəu¹⁴hɔ⁵¹]

直系子孙跪拜亡灵，为亡灵超度。是做法事的一个重要环节。

下□ [ho⁴⁴za²¹]

入殓，把逝者放入棺材。入殓时，逝者头顶要放一片瓦，脚跟放一块泥，寓意"头顶自己的天，脚踏自己的地"。

苍南

柒·婚育丧葬

261

送上山 [soŋ¹⁴ɕiɔ³³sẽ⁴⁴]

出殡。逝者家属要择定黄道吉日，护送逝者灵柩下葬。在这个过程中，如若家属中有人与逝者生肖相冲，则需要回避。

封圹 [hoŋ⁴¹kʰɔ̃²¹]

封闭墓穴。是葬礼的最后一道程序。下葬时，要在瓯江潮涨时分开始封闭墓穴，在潮平之前封好。人们认为这样做，逝者的子孙后代才能兴旺发达。

7-46 ◆东西街   7-47 ◆东西街

头令 [dɔ²²liŋ²¹]

出殡队伍或下葬完归来的队伍中最前面的旗子。出殡队伍最前头的旗子是白色的，上面写有"出殡"二字；归来时的旗子是红色的，上面写有"荣归"二字。

寿圹 [ɕiəu⁴¹kʰɔ⁵¹]

墓穴。在人活着的时候建好，人去世后葬入。

7-49 ◆垟头山

苍南

柒·婚育丧葬

交椅坟 [kɔ⁴⁴i¹⁴feŋ³²³]

外形如太师椅的坟墓。蛮话地区的坟墓叫"坟"[feŋ²²⁴]。"交椅坟"是温州地区常见的一种坟墓样式，也流行于蛮话地区，属于比较奢华的坟墓样式。

场户囝 [diɔ̃²²vu²²tɕi¹⁴]

纸扎的房子。摆放在灵堂，"三七"期间烧给逝者，寓意期望逝者在另一世界也有房子住。

金山银山 [tɕiŋ³³sẽ⁴⁴ȵ iŋ²²sẽ⁴⁴]

纸扎的金山、银山。摆放在灵堂，"三七"期间烧给逝者，寓意期望逝者在另一世界有用不完的财富。

7-51 ◆桐桥

7-52 ◆桐桥

鼻头孔坟 [pʰi¹⁴dɔ²¹kʰoŋ¹⁴feŋ³²³]

外形类似鼻孔的坟墓。"鼻头孔"[pʰi¹⁴dɔ²¹kʰoŋ¹⁴] 是鼻孔的意思。"鼻头孔坟"是流行于蛮话地区的另一种坟墓样式，一般都用于夫妻同葬。

山隍爷亭 [sẽ⁴⁴ɔ̃²²i²²dɪŋ²²⁴]

建于坟墓上边或旁边，用于烧纸给山神的小亭子。

7-56 ◆东西街

宝碗 [pɑu⁴⁴uẽ¹⁴]

寿穴里提前放置的一只瓷碗。碗里放有银质的寿星、五色线、五谷等物，寓意希望寿穴的主人长命百岁、子孙满堂、财源广进。寿穴的主人下葬以后，家人将"宝碗"带走。

7-55 ◆金处

金童玉女 [tɕɪŋ⁴⁴doŋ¹⁴ɲiə?⁴ny¹⁴]

纸扎的童男、童女。摆放在灵堂，"三七"期间烧给逝者，寓意期望逝者在另一世界有人服侍。

在蛮话地区，人们基本上仍按照农历来安排自己的生活和生产。因此，传统节日和节气在日常生活中具有重要的地位和作用。蛮话把节日叫"节" [tsə?⁴]。

一年当中最重要的"节"是春节。以前生活条件差，平时吃穿都很简单，只有到了春节期间，才能吃上好东西、穿上新衣服，还可以到亲戚家拜年玩耍。因此，大家都很期待过年，尤其是小孩子们，对过年的向往更是无以复加。

除了春节以外，传统节日中比较重要的还有清明、端午、中元、中秋和冬至。这几个节日都要制作专门的特色食品，例如粽子、"九层粿"、粉干等；同时还要举行一些专门的民俗活动，例如上坟、划龙舟、赏月等。此外，在早稻还未完全成熟、青黄不接的时节，当地老百姓在经过没有新粮的漫长等待之后，还会迫不及待地"食新"，一般农家都会买点菜，有的还会买新的夏衣，庆祝早稻登场。

中国语言文化典藏

　　总的来看，蛮话地区的节日习俗有两大特点：

　　一是祭祀活动较多。从时间上说，一年当中的清明、中元、冬至、除夕，要祭祀祖先；其中，清明、中元、除夕还要"做节"[tsɑu⁴⁴tsə?¹⁴]节日时举行祭祀活动。在农历八月初三及十二月廿四，都要"请鏷灶头佛"。

　　二是亲戚间互赠礼物的活动较多，并形成了固定的日期、内容和礼仪。七夕节，娘家要给女儿"送七月七"；端午节，女婿要给丈母娘"送重五"；中秋节，女婿要给丈母娘"送八月半"；农历十二月廿日前，女婿还要给丈母娘"送年节"。

　　显然，这些习俗是长期以来的小农经济社会自然形成的生活方式。到了今天，已显示出许多不相适应的地方。因此，大多数仪式都已经简化，其中有的正趋于消亡或已经消亡了。

炒米 [tsʰɔ⁵¹mĩ¹⁴]

冻米糖。糯米蒸熟之后，晒干，爆成米花，炒制而成。是过年前家家户户都要准备的年货之一。春节期间，家里来客人时，常以此物招待客人。

红柑 [oŋ²²kẽ⁴⁴]

瓯柑。温州特产，比橘略大，味略苦，有回甘。蛮话中"柑"与"官"音近，晚辈给长辈拜年，长辈常以此为回礼，带有好兆头。春节期间，家里来客人时，也常以此物招待客人。

五香 [u⁴⁴çiɔ̃⁴⁴]

经过上色制成的豆腐干，食用之前需要加工。蛮话地区旧时只有五香豆腐干，没有白豆腐干。是祭祀时的主要祭品之一。

8-4 ◆东西街

8-5 ◆东西街

一 春节

8-1 ◆东西街

8-2 ◆东西街

麻糍 [mɔ̃²²z̩²²⁴]

也叫"糖糕"[dɔ̃²²kɔ⁴⁴]。用粳米捣成的年糕。

主要有两种类型：节日时，用"麻糍印"印出花纹的年糕，叫"糖糕麻糍"[dɔ̃²²kɔ⁴⁴mɔ̃²²z̩²²⁴]；平日里食用的、没有印花纹的年糕，叫"草鞋条"[tsʰɔ¹⁴ai³²³diəu²²⁴]。

春节前，家家户户都要"捣麻糍"[tɔ¹⁴mɔ̃²²z̩²¹]用舂臼捣蒸熟的米粉。将捣好的米团搓成长条形，用"麻糍印"印出各式花纹。旧时，人们将年糕存放于水缸里，春节期间没什么可吃的，就拿出几根食用。

炒米糕 [tsʰɔ³³mĩ⁴⁴kau⁴⁴]

一种米制糕点。先将糯米和粳米混合炒熟，之后加糖，烤制而成。春节期间，家里来客人时，常以此物招待客人。

贴门对 [tʰəʔ⁴mø²²tø⁵¹]

也叫"贴联对"[tʰəʔ⁴lĩ²²tø⁵¹]。贴对联。"门对"[mø²²tø⁵¹]是对联的意思，也叫"联对"[lĩ²²tø⁵¹]。过年前夕，家家户户都要贴对联，有辞旧迎新之意。若当年家中有人过世，则会贴上白色或蓝色的对联。

8-6 ◆岭脚（金亦余摄）

8-7 ◆东社

8-8 ◆金处（金亦余摄）

请鑯灶头佛 [tɕʰiɐ̃¹⁴mɔ̃⁴⁴tsɔ¹⁴do²²fə?²]

祭灶神。

每年农历的十二月廿四，蛮话地区都有祭灶的习俗，到了正月初再选个好日子接灶神，蛮话叫"送佛上天，接佛落地"。祭祀灶神的祭品主要有"炒米糕""炒米""红柑""五香"。祭祀完之后，祭品分给小孩子吃，希望孩子们能"食快大"[zi²²kʰai¹⁴do²²]健康长大。

农历八月初三也要祭灶神。流程相同，但祭品因时令有所不同，一般只有菱角、葡萄、饼、糖果等，没有"炒米"和"红柑"。

隔年 [ka¹⁴n̩i³²³]

每年农历十二月廿七或廿八的晚上进行的祭祀仪式。主家在八仙桌上摆上烧熟的鸡、肉、鱼、豆腐干、芋头、豆芽、水果、"冥斋"[mɪŋ²²tsa⁴⁴]米制的祭祀品（见图8-20）等祭品。鱼要摆在东边，鸡、肉、芋头等摆在西边，以示鱼出自东海，家禽、家畜、农作物等出自西山。祭祀完毕后烧纸钱、鸣鞭炮，送神明上天，感谢神明庇佑，祈求来年上天赐福。

8-9 ◆东西街

三日暝晡 [sẽ⁴⁴n̩iə?⁴mɔ̃²²pu⁴⁴]

年夜饭。除夕晚上，一家人要齐聚一堂吃年夜饭，蛮话叫"食三日暝晡"[zi²²sẽ⁴⁴n̩iə?⁴mɔ̃²²pu⁴⁴]。年夜饭一般有鱼、梭子蟹、芋头、发菜丸子等，菜品丰富。旧时，生活水平较低，年夜饭算是一年中最丰盛的一顿。

中国语言文化典藏

接年 [tɕiə^{?4}nĩ³²³]

在特定的时间放鞭炮，以迎接新年。人们会在除夕的最后一个时辰"拍火炮团"[pʰa⁴⁴hø¹⁴pʰɔ⁵¹tɕĩ¹⁴]放鞭炮。旧时，这个时候祠堂会擂鼓示意大家停止讨债，外出讨债的人可以回家过年了。因此，蛮话地区有正月里不讨债的习俗。

点佛灯 [tai¹⁴və?²tai⁴⁴]

春节期间，人们到佛前点头灯，烧香祈福。蛮话地区有"点头香"的习俗，人们喜欢在正月初一的第一个时辰在佛前点第一炷香，以得到佛祖更多的保佑。

苍南

捌·节日

闹灯酒 [nɔ̃³³tai⁴⁴tɕiəu¹⁴]

　　元宵节当晚，信佛弟子举行的聚会。信众自愿捐献，购买各种纸制的彩灯，如鲤鱼灯、白兔灯、蝴蝶灯等，还有形状各异的盘香，挂在庙宇的神龛前。

8-12 ◆东西街

闹灯 [nɔ̃³³tai⁴⁴]

　　元宵灯会。蛮话地区元宵灯会的主要活动有舞狮、舞龙、走马灯、猜灯谜等。元宵节是正月里最后一个重要的节日。过完元宵节，年才算正式结束。

8-14 ◆东西街

8-13 ◆金墅湾

分十五暝 [pø⁴⁴zəʔ²ŋ²²⁴mẽ¹⁴]

　　元宵节当天，新婚或造房子的人家给邻居分发蚕豆、花生、甘蔗等礼物的仪式。旧时，如果主人家小气，来讨要礼物的小孩就会起哄念童谣："茴豆蚕豆分一粒，生囝孩子生半□ [guəʔ²] 截；茴豆分一杯，明年生个丈夫妹儿子。"

抬簸箕神 [dø²²po³³tsʅ⁴⁴ʑɪŋ²²⁴]

旧时妇女们的一项习俗活动。吃过元宵晚饭，男人、孩子们都纷纷出门看花灯，看舞龙、舞狮。妇女们刷锅洗碗之后，入室挑灯，妯娌、邻居三五成群聚集一起，排阵"抬簸箕神"，占卜新一年的财气和运气。

抢米鸡 [tɕʰiɔ̃¹⁴mĩ⁴⁴tsʅ⁴⁴]

金乡镇戴家堡村的一大习俗，即每年元宵节，制作"米鸡"[mĩ⁴⁴tsʅ⁴⁴]米塑的鸡赏元宵。相传从戴氏第四代开始，至今已流传1000多年。从前是每年轮八户人家做头家祭祖，祭祖仪式还要请道士念经、做法事。做完法事后，主家就将"米鸡"分给前来观看的亲戚朋友及围观者，场面非常热闹。有一种迷信的说法，认为仪式开始后能够抢得"米鸡"者，家里可添男丁。

8-17 ◆桐桥

拜坟 [pai¹⁴veŋ³²³]

清明前后，家人一起上山扫墓。清扫坟墓，清除杂草之后，"坟头带＝纸" [feŋ²²dɔ²²ta⁵¹tsɿ¹⁴] 用石头将纸压在坟头（见图 8-18），表明有后人来祭拜。之后点上香烛，摆上祭品祭祀祖先，然后将纸钱烧给祖先，最后放鞭炮完成扫墓的整个过程。旧时，住在山边的小孩子都会趁清明扫墓之际，向前来扫墓的人讨要糖果、糕饼，叫"分坟饼" [pø³³veŋ⁴⁴piɛ¹⁴]。

苍南 —— 捌·节日

8-18 ◆桐桥

8-19 ◆桐桥

8-20 ◆桐桥

拗金银纸 [ɔ¹⁴tɕiŋ⁴⁴n̠iŋ²¹tsʅ¹⁴]

将"金银纸"（见图 6-47）折成一定的形状。上山祭拜时将折好的"金银纸"烧给逝者，人们认为这样可供他们在另一世界使用。

冥斋 [miŋ²²tsa⁴⁴]

米制的祭祀品。一般使用三至五种。祭祀结束后可食用。

拜坟酒 [pai¹⁴vɐŋ²¹tɕiəu¹⁴]

扫完墓后一个家族聚在一起吃的酒席。一般在家里进行，而不在祠堂。

8-21 ◆夏口

8-23◆肥艚

插菖蒲带艾 [tsʰəʔ⁴tɕʰiɔ̃⁴⁴bu²²to⁴⁴ŋẽ²¹]

端午时，在大门上插上菖蒲、艾叶来辟邪的仪式。

划龙船 [u²²loŋ²²ʑioŋ²²⁴]

划龙舟。蛮话地区河网密布，基本上每个村都有一只龙舟。划龙舟是当地端午节期间最重要的活动之一。端午时，龙舟都会下到河面开阔处进行比赛。龙舟下水前要进行"请龙"[tɕʰiɐ̃¹⁴loŋ²²]祭祀龙王仪式。比赛时，由德高望重的老者端着香炉坐在龙舟的前面；龙舟中间有人敲锣打鼓，给划龙舟的人助威；同时，还有两人撑着挂有宗族姓氏的旗杆，摇旗呐喊。这一习俗也被列入了温州市非物质文化遗产名录。

8-22◆肥艚

8-24◆夏口

8-25◆夏口

□雄黄酒 [pʰu⁵¹ioŋ²²ɔ̃²²tɕiəu¹⁴]

端午时，在房屋的角落喷洒雄黄酒。用于驱除蛇虫鼠蚁。"□" [pʰu⁵¹] 指用嘴喷洒液体。

撒白蛎灰 [so¹⁴pa⁴⁴lai²²hø⁴⁴]

端午时，在房屋的角落撒白色的蛎灰。用于驱除蛇虫鼠蚁。

卷粽 [kø¹⁴tsoŋ⁵¹]

包粽子。用的是箬叶。旧时，当地人将蒲葵枝悬挂于横梁上，将枝上的蒲葵叶撕开成条状，将包好的粽子绑在叶条上。需要食用时，就剪下一串来烧制。

8-27◆岭脚

中国语言文化典藏

8-26◆东西街

8-29◆章均垟

粽 [tsoŋ⁵¹]

粽子。蛮话地区自家包的粽子有两种口味：咸口的粽子主要是粳米，馅料为肉和本地黄豆；甜口的粽子主要是糯米，馅料为蜜枣、砂糖。糯米粽子一般用加了稻秆灰的灰碱水烧制，便于保存。

午时草洗身体 [ŋ²²zɿ²²⁴tsʰɔ¹⁴sai¹⁴ɕiŋ⁴⁴tʰai¹⁴]

端午节的时候，人们用五种草药烧好的水洗澡。"午时草" [ŋ²²zɿ²¹tsʰɔ¹⁴] 是指五种草药，包括枇杷叶、桑叶、白马兰、车前草、蜻蜓草。据说它们能清凉祛毒，可以去除寄生虫，有益皮肤健康。

食重午酒 [ʑi²²doŋ⁴⁴ŋ¹⁴tɕiəu¹⁴]

端午节当天，一家人聚在一起吃的酒席。以粽子为主食，还会喝点雄黄酒。

8-28◆东西街

281

缚骹手绳 [pu⁴⁴kʰɔ⁴⁴tɕʰiəu¹⁴ʑɿŋ³²³]

　　端午节吃过重午酒后，大人要用"午时草"（参见图8-29）泡的草药汤给10岁以下的小孩洗澡，洗完后再给他们的手腕、脚腕系上用五色线编织的手绳、脚绳。到农历七月七祭"檐头亲爷"（见图6-55）时，这些手绳、脚绳要剪下来焚烧掉。

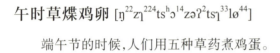

8-30 ◆夏口

午时草煠鸡卵 [ŋ²²ʑɿ²²⁴tsʰɔ¹⁴zəʔ²tsɿ³³lø⁴⁴]

　　端午节的时候，人们用五种草药煮鸡蛋。

8-31 ◆夏口

挂卵袋 [ko¹⁴lø⁴⁴dø²¹]

　　用五色线编织成网袋，将煮好的鸡蛋或鸭蛋装在里面，挂在胸前。人们认为此举能消灾祈福、避瘟神。

点雄黄 [tai¹⁴ioŋ²²ɔ̃²²⁴]

　　端午时，将雄黄酒点在男孩子的头顶或女孩子的额头，或是孩子脚底的涌泉穴。人们认为此举能驱邪保健康。

8-32 ◆夏口

8-33 ◆夏口

8-34 ◆东西街

粉干 [fen⁴⁴kẽ⁴⁴]

　　稻米制成的粉丝,形状细长。是当地的特产之一,也是中秋节必备的食物。蛮话童谣有"八月半,粉成担",就是指中秋前后,粉干大量生产。

8-35 ◆项桥

8-36 ◆金家垟

月光饼 [n̠iəʔ²kɔ̃⁴⁴piẽ¹⁴]

月饼。蛮话地区的月饼个头较大，皮薄馅厚，一般会加入白糖、肥猪肉、花生、芝麻等馅料，与别的地方相比有较大的不同。苍南的"桥墩月饼"还被列入了浙江省非物质文化遗产名录。

此外，在中秋节这天，当地还有一些与月饼相关的习俗：女婿要给丈母娘送礼物，丈母娘回礼必须有月饼；家里的长辈必须给未婚的孩子买月饼作为礼物。

粉 [fen¹⁴]

米粉。比粉干粗圆，且是半熟品。也是中秋必备的食物之一。

芋 [u²²]

芋头。既是中秋前后的应季食品，又因为"芋"与"有"谐音，寓意富有，因此成为中秋节餐桌上的必备食物之一。

8-37 ◆项桥

8-38◆金处（金亦余摄）

接春 [tɕiə²⁴tɕʰioŋ⁴⁴]

迎春的一种仪式。立春的时候，老百姓在屋前"燂春柴"[dẽ²²tɕʰioŋ⁴⁴dzo³²³]烧干柴，然后将冒烟的干柴拿到屋里熏，驱除晦气，之后放鞭炮，以此迎接春天的到来。

晒棉褥 [so¹⁴mĩ²¹zəʔ²]

晒被褥、冬季的衣物等。农历六月初六，一般已经过了当地的梅雨季节，大家选择在这天将厚重的冬衣、被褥等物品拿出来晒，防止衣物发霉。

8-39◆东西街

285

食新 [ʑi²²ɕiŋ⁴⁴]

吃新米。小暑前后，早稻初熟，农家会举行一些仪式：采集成熟的新稻以舂米，拜祭天地；摆一桌酒席，邀请亲朋好友，特别是新婚的女儿女婿；为小孩置办夏季的新衣。人们以这些形式来庆祝丰收的到来。

凳骹粿 [tai¹⁴kʰɔ⁴⁴ku¹⁴]

一种形状类似凳脚的长条形米糕。食用前用线切割成片状（见图8-41）。农历七月七前后食用。主要因为这个时间早稻丰收，当地人用新上市的早稻制作"凳骹粿"。

巧手侬团 [kʰɔ⁴⁴tɕʰiəu¹⁴noŋ²²tɕi¹⁴]

七夕时吃的一种糕点。由面粉加红糖或白糖，再加少量薄荷烤制而成。是七夕时娘家送给女儿的礼物之一。

8-43 ◆东西街

8-44 ◆东西街

烘烧 [hoŋ³³ɕiəu⁴⁴]

一种油炸食品。用糯米粉加少量白糖炸成薄片状。也是七夕时娘家送给女儿的礼物之一。

芝麻巧 [tsֽ⁴⁴mã⁴¹kʰɔ¹⁴]

一种烤饼。将面粉揉成椭圆形或圆形，撒上芝麻，烘烤而成。也是七夕时娘家送给女儿的礼物之一。

做节 [tsɑu⁴⁴tsəʔ¹⁴]

节日时举行祭祀活动。一般在清明、中元节、除夕时进行。

有时候特指中元节（农历七月十五）的祭祀活动。不过，蛮话地区一般在七夕（农历七月初七）时进行，但周边地区一般在农历七月十二、十三进行。因蛮话地区地处文化交杂地带，习俗受到一些影响，因此当地有的年轻人分不清七夕和中元节的区别。

七夕当天上午，人们要祭祀"檐头亲爷"（见图6-55），以求保佑幼童平安；同时，剪下孩子在端午时系上的五色手绳、脚绳，在"檐头亲爷"前焚烧；祭祀完之后，要"挂颈颈线" [ko¹⁴dʑiəʔʔ²dʑiŋ²²ɕi⁵¹]，即在孩子的手腕、颈项上挂上祭祀过"檐头亲爷"的七彩锦线。晚上，要祭祀祖先和过世的长辈，超度亡灵。

8-46◆龙跃居民区

8-47◆龙跃居民区

九层馃 [kɔ¹⁴zai²²ku¹⁴]

"做节"（见图8-45）时用的米糕。先在蒸具上铺一层米粉，待熟后再加一层米粉，依次加到九层，故名。旧时只在"做节"时食用，现今在平日里也能吃到。

插地香 [tsʰəʔ⁴di²²çiɔ̃⁴⁴]

祭祀地藏王菩萨的一种仪式。农历七月三十日是地藏王菩萨的生日，传说此日地藏王要换肩挑地球，容易发生地震。蛮话地区的人们在当天要在地上插香，也有人将香插在柚子上，认为以此可保平安。

8-48◆东西街

中国语言文化典藏

8-49 ◆东西街　　　　　　　　　　8-50 ◆东西街

食汤圆团 [ɕi⁴⁴tʰɔ̃⁴⁴ø²¹tɕī¹⁴]

吃汤圆，是冬至食俗之一。蛮话地区，冬至早上要吃"汤圆团"[tʰɔ̃⁴⁴ø²¹tɕī¹⁴] 小汤圆，无馅。

踩金团 [lø⁴⁴tɕiŋ⁴⁴dø³²³]

滚糯米团子，是冬至食俗之一。

"金团"[tɕiŋ⁴⁴dø³²³]，是一种糯米团子；圆形，其外裹的粉似金色，故名。滚"金团"的做法是，将糯米粉做成无馅的团子，蒸熟后在外面裹上"金团粉"[tɕiŋ⁴⁴dø²¹fəŋ¹⁴]。"金团粉"有两种制作方式：一种是用黄豆粉与红糖拌成；另一种是米粉与橘皮混合炒熟后磨成粉，拌上红糖。

冬至时，人们要"踩金团"吃。"踩"好的"金团"软糯香甜，为这天增添了不少节日的气氛。此外，蛮话地区造房子或分家的时候，娘家也会将"金团"作为礼物送给女儿。

苍
南

捌
·
节
日

8-51 ◆东西街

289

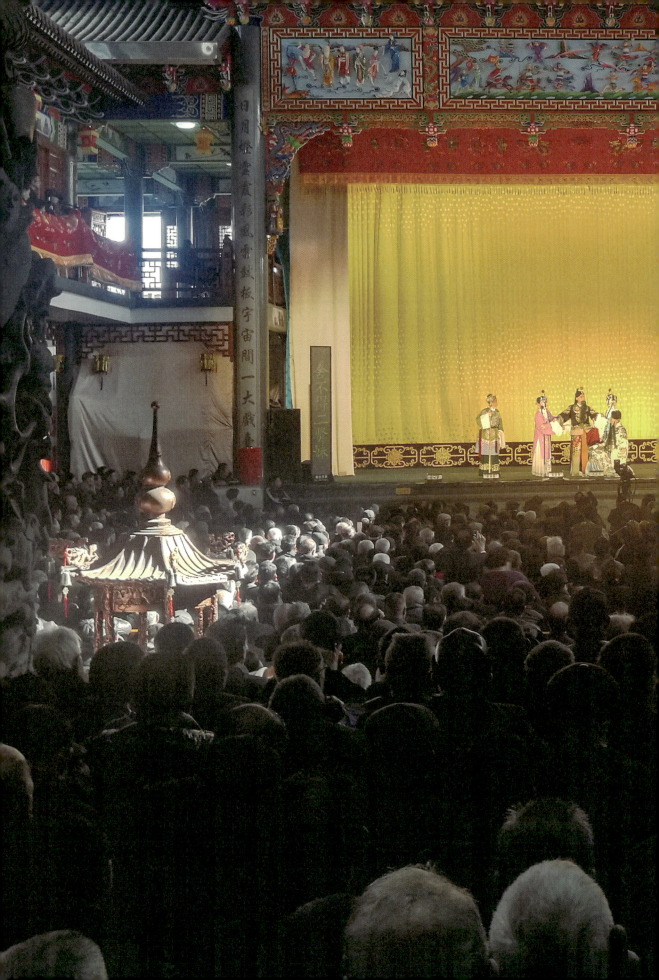

玖·说唱表演

经过长时期的发展，各地方言里都存在着丰富多彩的口彩、禁忌、俗语、谚语，流传着用本地方言讲述的民间故事、用本地方言演唱的民歌，有的还拥有独特的地方曲艺和地方戏。这些具有浓郁地方特色和民间智慧的语言文学艺术现象，无疑是方言文化的重要内容。不过，由于这些现象主要都以语言为载体，世代口耳相传，难以像前面几章那样通过图片来表现。为了展现蛮话地区方言文化的完整性和独特魅力，我们将这些纯语言类的方言文化现象集中收录于此。

本章包括口彩禁忌、俗语谚语、歌谣、曲艺戏剧、故事五个部分。口彩即吉利话、吉祥语，讨口彩就是使用吉利话；禁忌语是在某些场合需要避讳的语言文字成分，用于替代禁忌语的话语是婉辞。蛮话里的口彩、婉辞比较简单，说明当地语言崇拜观念、语言迷信心理还不太严重。俗语谚语部分内容较多，大致按顺口溜、谚语、歇后语、谜语的顺序排列。以前的蛮话地区，田间地头山歌飘荡，婚丧喜事必有哭唱，可惜如今都已销声匿迹，无从听闻了。但幸运的是，蛮话童谣被列入了温州市非物质文化遗产名录，苍南亦成为"中国童谣文化之乡"。不过，本章只收集了几首童谣和民歌，可谓挂一漏万。蛮话地区的人们生活在苍南多方言的语言环境中，多会几种不同的方言，可惜没有用蛮话演绎的戏剧，用蛮话演绎的曲艺也寥寥无几，只有道情、花鼓等形式，且会唱的人也很少。本地流行温州鼓词，也有当地的人学习唱鼓词，但一般都是前往瑞安等地学习用温州话演唱。

本章不收图片，体例上也与其他章有所不同。其中俗语谚语、歌谣、曲艺戏剧、故事几部分大致上按句分行，每句先写汉字，再标国际音标，如需注释就用小字加在句末。每个故事在最后附普通话意译。

本章收录的民歌和曲艺来自蛮话不同的地区，他们的发音会有一些口音上的区别。记音时按实际发音记录，但不标声调。讲述故事时，语流音变现象（脱落、弱化、合音等）比较常见，本章完全依据讲述人的实际发音记录。

发菜 [fəʔ⁴tsʰa⁵¹]

　　与"发财"谐音。"发菜丸"是蛮话地区的一道家常菜，也常见于各类酒席。

芋 [u²²]

　　与"有"谐音，表达有财富的兆头。蛮话地区的人们喜欢在节日时食用芋头，比如中秋节的一道主要菜肴就是芋头。

子孙灯 [tsɿ¹⁴sø³³tai⁴⁴]

　　新娘的嫁妆之一，寓传宗接代意。

子孙桶 [tsɿ¹⁴sø⁴⁴tʰoŋ¹⁴]

　　新娘的嫁妆之一，寓传宗接代意。

子孙袋 [tsɿ¹⁴sø⁴⁴dø²¹]

　　新娘的嫁妆之一，寓传宗接代意。

落壳生 [ləʔ²ko⁰sɐ̃⁴⁴]

　　花生。洞房时撒于喜床上，边撒边说"落壳生，有徕生" [ləʔ²ko⁰sɐ̃⁴⁴, u²²ləʔ⁰sɐ̃⁴⁴]，寓意早生贵子，多子多孙。

橘囝 [tɕiəʔ⁴tɕĩ¹⁴]

　　与"接囝"谐音，寓意多子。

汤圆囝 [tʰɔ⁴⁴ø²¹tɕĩ¹⁴]

　　"圆"与"缘"谐音，在婚礼上，新人及家人要共食一碗汤圆，含"结缘"的寓意。

冇力哎 [mɑu²²lia²²ai²²] 冇：没有

　　婉指生病。

走了 [tsɔ¹⁴ləʔ⁰]

　　婉指去世。

食茶 [ɕi³³dzo³³]

　　婉指喝中药。

满手 [mẽ⁴⁴tɕʰiəu¹⁴]

　　婉指空手。

挂红 [ko¹⁴oŋ³²³]

　　婉指流血。

红爻来 [oŋ²²ɔ¹⁴i⁰] 爻：助词，表完成

　　婉指房子着火。

盘碗落地，买宅买地 [bẽ²²uẽ¹⁴lɑu⁴⁴di²², mai¹⁴dzai²²mai¹⁴di²²]

　　器皿打碎后会说这句话来避讳。

鸟鸟囝 [tiəu³³tiəu⁴⁴tɕĩ¹⁴]

　　婉指小孩阴茎。

下身 [o³³ɕɪŋ⁴⁴]

　　婉指成人生殖器。

来个月 [li²²kø¹⁴ȵiəʔ²]

　　婉指来月经。

道地 [to⁴¹di²¹]

　　婉指发胖。

圆 [ỹ²²⁴]

　　指猪、牛等动物交配。

吵栏 [tsʰɔ¹⁴lẽ³²³]

　　指猪、牛等动物发情。

正月灯；[tɕiɛ̄⁴⁴ȵiəʔ²tai⁴⁴] 灯：元宵节

二月鹞；[ȵi²²ȵiəʔ²iəu⁵¹] 鹞：纸鹞，指风筝

三月麦秆做鬼叫；[sɛ̄⁴⁴ȵiəʔ²ma²¹kuɛ̄¹⁴tsɑu⁵¹kuai¹⁴tɕiəu⁵¹]

四月地踈勃勃跳；[sɿ⁵¹ȵiəʔ²ti⁵¹lø²²bəʔ²bə²²ʔtʰiəu⁵¹] 地踈：陀螺；勃勃：形容陀螺转动的样子

五月龙船两头翘；[ŋ⁴⁴ȵiəʔ²loŋ²²zioŋ²²⁴nɔ̃⁵¹dɔ²¹tɕʰiəu⁵¹]

六月稻桶发狂叫；[lə²ʔ⁴ȵiə²ʔ²tiəu⁴⁴tʰoŋ¹⁴fɔ¹⁴ɔ̃²²tɕiəu⁵¹]

七月七，巧手侬团成畚箕；[tɕʰiə²ʔ⁴ȵiə²ʔ²tɕʰiə²ʔ¹⁴，kʰɔ⁴⁴tɕʰiəu¹⁴noŋ²²tɕĩ¹⁴ɕiɛ̄⁴⁴peŋ⁴⁴tɕʰiə²ʔ¹⁴] 巧手侬：一种七夕节

　　面制食品；畚箕：畚箕

八月半，粉成担；[pə²ʔ⁴ȵiə²ʔ²pɛ̃⁵¹，feŋ¹⁴ɕiɛ̄⁴⁴tɛ̃⁵¹] 粉：粉干

九月九，日头佛遛山走；[kɔ¹⁴ȵiə²ʔ²kɔ¹⁴，ȵiə²ʔ⁴dɔ²²fə²ʔ²liəu²²sɛ̄⁴⁴tsɔ¹⁴] 日头佛：太阳；遛：绕

十月十，番薯连根掘；[sə²ʔ⁴ȵiə²ʔ²zə²ʔ²，fɛ̃⁴⁴y²¹lĩ²²tɕioŋ⁴⁴guə²ʔ²] 掘：挖

十一月，烘火篇；[sə²ʔ⁴iə²ʔ¹⁴ȵiə²ʔ²，hoŋ⁴⁴hø⁴⁴la¹⁴] 火篇：烘篮，取暖器具

十二月，破棉两头拽。[sə²ʔ⁴ȵi²²ȵiə²ʔ²，pʰu¹⁴mĩ³²³nɔ̃²²dɔ²¹ta¹⁴] 破棉：破棉被

　　十二月令歌，表达每个月的特色。

一，一家堡；[iə²ʔ⁴，iə²ʔ⁴ko⁴⁴pɑu¹⁴]

二，倪家堡；[ȵi²²，ȵi²²ko⁴⁴pɑu¹⁴]

三，三雨＝桥；[sɛ̄⁴⁴，sɛ̄⁴⁴y¹⁴dʑiəu³²³]

四，苏家店；[sɿ⁵¹，sɿ⁵¹ko⁴¹tai⁵¹]

五，牛栏头；[ŋ²²，ŋ²²lɛ̃²²dɔ²²⁴]

六，六板桥；[lə²ʔ²，lə²ʔ²pai¹⁴dʑiəu³²³]

七，第七河；[tɕʰiə²ʔ⁴，tai⁵¹tɕʰiə²ʔ¹⁴ɑu²²⁴]

八，北大垟；[pəʔ⁴, pəʔ⁴to¹⁴iɔ̃³²³]

九，九刀连；[kɔ¹⁴, kɔ¹⁴tɔ⁴⁴li²²⁴]

十，十二岱；[zəʔ², zəʔ²n̩i²²da²²]

十一跛骹埭；[zəʔ²iəʔ⁴pai¹⁴kʰɔ⁴⁴da²²] 跛骹埭：单脚跳

十二跳六格。[zəʔ²n̩i²²tʰiəu¹⁴ləʔ²ka⁵¹] 跳六格：跳房子

这是一首地名的顺口溜，主要是蛮话地区的一些村名。但没有"一家堡"这个村名，应为押韵所造。

东闪猛蓬蓬，[toŋ⁴⁴ɕiəʔ⁴mẽ¹⁴boŋ²²boŋ²¹] 东闪：东边闪电；猛蓬蓬：乌云密布的样子

南闪北动，[nẽ²²ɕiəʔ⁴pəʔ⁴doŋ²²] 南闪：南边闪电；北动：北边有动静

西闪日头红，[sai⁴⁴ɕiəʔ⁴n̩iəʔ²dɔ²²oŋ²¹] 西闪：西边闪电；日头红：第二天晴天

北闪东南风。[pəʔ⁴ɕiəʔ¹⁴toŋ⁴⁴nẽ²²hoŋ⁴⁴] 北闪：北边闪电；东南风：第二天刮东南风

气象谚语，不同方位的闪电预示不同的天气。

食爻重午粽，[zi²²ɔ⁰doŋ²²ŋ¹⁴tsoŋ⁵¹] 食爻：吃完；重午：端午

破棉慢慢送。[pʰu¹⁴mĩ³²³mai⁴¹mai⁴¹soŋ⁵¹]

苍南地区端午之前的天气仍旧忽冷忽热，等过了端午才开始真正热起来，所以"破棉"等厚衣物要到端午之后再收起来。

乐食三日暝，[ŋɔ̃¹⁴zi²²sẽ⁴⁴n̩iəʔ⁴mẽ²²⁴] 乐：要；食：吃；三日暝：年夜饭

乐睏冬节暝。[ŋɔ̃¹⁴kʰuɐŋ⁵¹toŋ⁴⁴tsəʔ¹⁴mẽ³²³] 睏：睡；冬节暝：冬至的晚上

年夜饭是一年中最丰盛的一顿饭，而冬至的晚上是一年中夜最长的一晚，因此指做事要选中时机。

有心拜年，[u⁴⁴ɕiŋ⁴⁴pai¹⁴n̩ĩ³²³]

重午怀迟。[doŋ²²ŋ²¹m¹⁴di³²³] 怀：不

表示只要有心做事，就不怕时间晚。

穷富望年终，[dzioŋ¹⁴fu⁵¹ŋɔ̃¹⁴n̩ĩ²²tsoŋ⁴⁴] 望：看

善恶望送终。[zĩ²²ɔ¹⁴ŋɔ̃²²soŋ⁴⁴tsoŋ⁴⁴]

表示一件事的最终结果要在这件事结束之后才能体现。

来三去四全怀懂。[li²²sẽ⁴⁴tɕʰy¹⁴sŋ⁵¹zɣ²²m²²toŋ¹⁴] 怀：不

　　表示一个人对人情世故全然不懂。

媛主团十八变，[ɣ⁴⁴tɕy⁴⁴tɕĩ¹⁴səʔ⁴pəʔ¹⁴pĩ⁵¹] 媛主团：女孩子
临上轿变三变。[lıŋ²²ɕiɔ⁴⁴dziəu²²pĩ⁵¹sẽ⁴⁴pĩ⁵¹]

　　表示女大十八变。

一男一女担身家，[iəʔ⁴nẽ³²³iəʔ⁴ȵy¹⁴tẽ⁴⁴ɕiŋ³³ko⁴⁴] 担身家：担心
两男两女一朵花，[nɔ̃¹⁴nẽ¹⁴nɔ̃²²ȵy¹⁴iəʔ²tau⁴⁴ho⁴⁴]
三男四女是冤家。[sẽ⁴⁴nẽ¹⁴sŋ⁵¹ȵy¹⁴zŋ¹⁴ɣ³³ko⁴⁴]

　　这是人们对子女数量的多少给予的评价：认为两个男孩两个女孩是最好的，过少要担心，过多要烦恼。

山头财主怀值垟下穷，[sẽ⁴⁴dɔ¹⁴zø⁴⁴tɕy¹⁴m¹⁴diəʔ²iɔ̃²²o²²dzioŋ²¹] 山头：山里；怀值：比不上；垟下：乡下
垟下财主怀值街边侬。[iɔ̃²²o²²zø⁴⁴tɕy¹⁴m¹⁴diəʔ²kai³³pĩ⁴⁴noŋ²¹] 街边侬：城里人

　　表示城市里的人比乡下财主有钱，而乡下财主比山里的财主有钱。

生意做怀着□一次，[sẽ⁴¹i⁵¹tsau⁵¹m¹⁴dy²²tʰa¹⁴iəʔ⁴tsʰŋ⁵¹] □：只
老姥讨怀着着一世。[lɔ³³mɔ̃¹⁴tʰau¹⁴m¹⁴dy²²dziəʔ²iəʔ⁴sŋ⁵¹] 老姥：老婆；着：需要

　　表示娶老婆的重要性。

好做酒，[hau¹⁴tsau⁵¹tɕiəu¹⁴]
怀好做醋。[m²²hao¹⁴tsau⁴⁴tsʰŋ⁵¹]

　　蛮话地区的人都希望多子多孙。如果孩子有出息最好，如果没有出息也可以将就，总归是有用的。

老侬家想拜经，[lɔ⁴⁴noŋ²²ko⁴⁴ɕiẽ¹⁴pai⁴⁴tɕiŋ⁴⁴] 老侬家：老人；拜经：念经
伢团想食新，[ŋai⁵¹tɕĩ¹⁴ɕiẽ¹⁴zi³³ɕiŋ⁴⁴] 伢团：小孩子；食新：吃新米
后生团想讨亲。[ɔ³³sẽ⁴⁴tɕĩ¹⁴ɕiẽ¹⁴tʰau⁴⁴tɕʰiŋ⁴⁴] 后生团：年轻人；讨亲：娶老婆

　　表示每个年龄层的人都有每个年龄层想做的事情。

临时烧香难保佑，[lɪŋ²²zɿ²²⁴ɕiəu³³ɕiɔ̃⁴⁴nẽ²²pɑu¹⁴iɑu⁵¹]

临时掘塍水难流。[lɪŋ²²zɿ²²⁴guəʔ²⁴dzẽ³²³tɕy¹⁴nẽ²²lɔ̃²¹] <small>掘塍：挖地</small>

　　表示临时抱佛脚没有用。

九层馃认牢九层食。[kɔ¹⁴zai²²ku¹⁴ȵɪŋ²²lɑu⁰kɔ¹⁴zai²²ʑi²¹] <small>牢：准</small>

　　表示一个人非常固执，必须要循规蹈矩。

耳朵聋死去，[ȵi⁴⁴tɑu¹⁴lɔŋ²²sɿ¹⁴tɕʰy⁵¹]

铳拍音脱去。[tsʰoŋ⁵¹pʰa⁴¹ɪŋ⁴⁴tʰəʔ²⁴tɕʰy⁵¹] <small>铳：火铳；拍：打</small>

　　表示一个人耳朵很背，火铳的声音从耳边过也没有感觉。

求三爷，[dʑiɑu²¹sẽ⁴⁴i¹⁴]

拜四奶。[pai¹⁴sɿ⁵¹nai¹⁴]

　　表示到处求人。

背顺风旗，[pai⁴⁴ʑioŋ³³hoŋ⁴⁴dzɿ²²⁴]

讲顺风话。[kɔ̃¹⁴ʑioŋ³³hoŋ⁴⁴o²¹]

　　表示一个人会拍马屁，只顺着对方说好听的话。

麻糍怀输过粽。[mɔ̃²²zɿ²¹m²²ɕy⁴⁴ku⁴⁴tsoŋ⁵¹] <small>麻糍：年糕；怀：不</small>

　　表示二人不输彼此。

拣佛烧香，[kai¹⁴fəʔ²⁴ɕiəu³³ɕiɔ̃⁴⁴] <small>拣：挑选</small>

见风拨篷。[tɕi⁴⁴hoŋ⁴⁴pəʔ²⁴boŋ²²] <small>拨：转动；篷：船帆</small>

　　表示见风使舵，看势头或看别人脸色行事。

死泥鳅冇拼。[sɿ¹⁴nai²²tɕʰiəu⁴⁴mɑu⁴⁴pɪŋ¹⁴] <small>冇：没有；拼：翻腾</small>

　　表示一个人已经彻底完蛋，没有东山再起的可能。

十个钵团九个鬸，[zəʔ²kø⁰pəʔ²⁴tɕi¹⁴kɔ¹⁴kø⁰kẽ¹⁴] <small>钵团：钵子；鬸：盖子</small>

挈来挈去空个䜆。[tɕʰiəʔ⁴li³²³tɕʰiəʔ¹⁴tɕʰy⁵¹kʰoŋ⁵¹køˀ⁰kẽ¹⁴] 挈: 提

　　表示总是缺少一个。

师公灵起来，[sʅ³³koŋ⁴⁴lıŋ²²tsʰʅ⁰li⁰] 师公: 道士；灵: 灵验

鬼也灵起来。[kuai¹⁴aˀ⁰lıŋ²²tsʰʅ⁰li⁰]

　　表示道高一尺，魔高一丈。

教戏冇戏唱。[ko¹⁴sʅ⁵¹mɑu²²sʅ⁵¹tɕʰiɔ⁵¹] 冇: 没有

　　表示一个人光靠教是没用的，要有天赋。

一千赊怀值八百现。[iəʔ⁴tsʰai⁴⁴ɕĩ⁴⁴m²²diəʔ²pəʔ⁴pa¹⁴zĩ²²] 赊: 赊账；怀: 不；现: 现钱

　　表示拿在手里的才是自己的。

做有份，[tsɑu⁵¹u²²feŋ⁵¹]

食冇份。[ʑi²²mɑu¹⁴feŋ⁵¹] 冇: 没有

　　表示出力不讨好。

讲出是话，[kõ¹⁴tɕʰiəʔ⁴zʅ²²o²²]

放出是屁。[poŋ⁵¹tɕʰiəʔ⁴zʅ²²pʰi⁵¹]

　　表示一个人说话没有可信度。

未食三日菜，[mø¹⁴ʑi²²sẽ⁴⁴n̠iəʔ⁴tsʰa⁵¹] 未: 没有

就想上西天。[ʑiəu²²ɕiẽ¹⁴ɕiõ⁴⁴sai³³tʰĩ⁴⁴]

　　表示好高骛远。

犬尾巴莝爻□鹿跳。[kʰai⁴⁴mø⁴⁴pu⁴⁴tsʰøˀ⁵¹ɔ⁰tʰo¹⁴ləʔ²diəu²²] 莝爻: 砍掉；□: 和；跳: 走

　　狗剪了尾巴混入鹿群的行列，表示不是一类人。

月光暝挈灯笼——多此一举 [ȵiə̃ʔ³kɔ̃⁴⁴mẽ²¹tɕʰiə̃ʔ²⁴tai⁴⁴loŋ²¹—tu⁴⁴tsʰ̩¹⁴iə̃ʔ²⁴tɕy¹⁴] 月光暝：有月亮的晚上；挈：提

　　本条及以下两条为歇后语。

三姨夫食猪骸——大家侬统冇 [sẽ⁴⁴i²²fu⁴⁴zi²²ty³³kʰɔ⁴⁴—da³³ko⁴⁴noŋ²¹tʰoŋ¹⁴mɑu¹⁴] 三：三个；姨夫：连襟；猪骸：
猪蹄；大家侬：大家；统：都

鸡卵缚稻秆绳——两头脱 [tsɿ⁴⁴lø⁴⁴bu²²tiəu⁴⁴kẽ¹⁴zɿŋ³²³—nɔ̃¹⁴dɔ³²³tʰɔ̃ʔ¹⁴] 鸡卵：鸡蛋；缚：绑；脱：脱离

骸动动，手动动，[kʰɔ⁴⁴doŋ²²doŋ²², tɕʰiəu¹⁴doŋ²²doŋ²²] 骸：脚
鲤鱼跳过网。[li¹⁴ȵy³²³tʰiəu⁴¹ku¹⁴moŋ⁵¹]
——织布 [tɕiə̃ʔ²⁴pu⁵¹]

　　本条及以下为谜语。

两个伢囝样悬悬，[nɔ̃¹⁴kø⁰ŋai⁵¹tɕĩ¹⁴iɔ̃⁵¹gai²²gai²¹] 样：一样；悬：高
走路争头前。[tsɔ¹⁴lu⁵¹tsa⁵¹dɔ²²zai²¹] 头前：前面
——骸骨头 [kʰɔ⁴⁴kuə̃ʔ²⁴dɔ³²³] 骸骨头：膝盖

一大肚，[iə̃ʔ¹⁴to⁴⁴tu¹⁴] 大肚：肚子大
二白殕，[ȵi²²pa⁵¹pʰu¹⁴] 白殕：食物、酒等上面长的白毛
阿三生痀瘰，[əʔ³sẽ⁴⁴sẽ⁵¹ku⁵¹lou⁵¹] 痀瘰：疥疮
阿四戴铁帽，[əʔ³sɿ⁵¹ta⁵¹tʰiə̃ʔ¹⁴mɑu²²]
阿五捏大刀，[əʔ³ŋ²²ȵia⁴⁴to³³tɑu⁴⁴]
阿六扭一扭，[əʔ³lə̃ʔ²ȵiɑu⁴⁴iə̃ʔ²⁴ȵiɑu⁴⁴]
阿七剃个头，[əʔ³tɕʰiə̃ʔ¹⁴tʰĩ⁴⁴kø¹⁴dɔ³²³]
阿八着龙袍，[əʔ³pə̃ʔ¹⁴ty¹⁴loŋ²²bɔ²²⁴] 着：穿
阿九上天，[əʔ³kɔ¹⁴ɕiɔ̃³³tʰĩ⁴⁴]
阿十落地。[əʔ³zə̃ʔ²lɑu⁵¹di²²]
　　这是一首农作物谜语顺口溜，谜底分别为：南瓜、冬瓜、苦瓜、茄子、刀豆、扁豆、
蒲瓜、玉米、丝瓜和红薯。

抬纱□纱，[dø²²so⁴⁴mĩ⁴⁴so⁴⁴] □：旋转

半斗米做侬家。[pø⁴⁴tɔ⁴⁴mĩ¹⁴tsau¹⁴noŋ²²ko⁴⁴] 做侬家：节省

两斤虾皮做一叉，[nɔ̃²²tɕioŋ⁴⁴hø⁴⁴bø²²tsau¹⁴iə?⁴tsʰo⁴⁴] 一叉：一筷子

洗骹水烂冬瓜。[sai¹⁴kʰɔ⁴⁴tɕy¹⁴lẽ³³toŋ³³ko⁴⁴] 骹：脚

　　童谣，调笑那些自以为会持家实则小气的人。

阿会，阿会，钓螰蟹，[ə?³vai²²，ə?³vai²²，tiəu¹⁴dzɐ̃²²hai⁴¹] 螰蟹：河蟹

大个钓来卖，[to⁴⁴kø⁴⁴tiəu⁴⁴li¹⁴mai²¹]

琐个钓来垫ᵔ。[sai¹⁴kø⁵¹tiəu⁴⁴li¹⁴dai²¹] 琐：小；垫ᵔ：放米饭上蒸

　　童谣，调笑叫"阿会"的人。

正月思想元宵节，[tɕiẽ ɲiə? sʅ ɕiẽ ɲỹ ɕiəu tsə?]

二月思啊想啊，[ɲi ɲiə? sʅ a ɕiẽ a]

桃花开起送情郎，[dɑu hua kʰe tɕʰi soŋ dzɿŋ lɐŋ]

桃花开啊起啊送啊情郎。[dɑu hua kʰe a tɕʰi a soŋ a dzɿŋ lɐŋ]

三月思想清明节，[sẽ ɲiə? sʅ ɕiẽ tɕʰɪŋ mɪŋ tsə?]

四月思啊想啊，[sʅ ɲiə? sʅ a ɕiẽ a]

石榴花开起送情郎，[ziə? liəu hua kʰe tɕʰi soŋ dzɿŋ lɐŋ]

石榴花开啊起啊送啊情郎。[ziə? liəu hua kʰe a tɕʰi a soŋ a dzɿŋ lɐŋ]

　　这是盟兄弟歌《六花六节》节选，表达十二个月中六个代表性节日及六种代表性花卉。盟兄弟歌常见于婚宴上，由盟兄弟吟唱，以增添喜庆气氛。"盟兄弟"[mɪŋ²²ɕiẽ⁴¹di²²]是非亲缘结拜兄弟，彼此互帮互助，在蛮话地区比较流行。

（陈明俊、陈芝埔、陈瑞受、陈瑞搬演唱）

咕咕咕咕咕咕啊喂，[ku ku ku ku ku ku a uei]

沙那哉，[sa ɲia tsei]

讲尔阿妹着红裤喔，[kɔ̃ ŋ a məʔ ty oŋ kʰu o] 尔：你；着：穿

红裤 [囝啊]，红滴滴那，[oŋ kʰu tɕʰiẽ, oŋ tiəʔ tiəʔ nɔ] 红裤囝：红裤子

乞别侬望着真可惜那喔，[kʰəʔ bəʔ noŋ ŋɔ̃ dy tɕiŋ kʰo ɕiəʔ nɔ o] 乞：被；别侬：别人；望着：看见

尼沙哉，[n̠i sa tso]

喔喔。[o o]

咕咕咕咕咕咕咕咕啊喂，沙那哉，沙那哉，[ku ku ku ku ku ku ku ku a uei, sa n̠ia tsei, sa n̠ia tsei]

讲尔阿妹着红裤，着红裤，[kɔ̃ ŋ a məʔ ty oŋ kʰu, ty oŋ kʰu]

红裤 [囝啊]，红裤 [囝啊]，[oŋ kʰu tɕʰiẽ, oŋ kʰu tɕʰiẽ]

红滴滴，红滴滴。[oŋ tiəʔ tiəʔ, oŋ tiəʔ tiəʔ]

乞别侬望着真可惜那喔，尼沙哉。[kʰa bəʔ noŋ ŋɔ̃ dy tɕiŋ kʰo ɕiəʔ nɔ o, n̠i sa tso]

咕咕咕咕咕咕啊喂，沙那哉，[ku ku ku ku ku ku a uei, sa n̠ia tsei]

讲尔阿大冇笑我，[kɔ̃ ŋ a ta mɑu tɕʰiəu uɔ] 阿大：哥哥；冇：不要

作母侬 [囝啊]，[tsəʔ m noŋ tɕiẽ] 作母侬囝：女孩儿

总乐扮，[tsoŋ ŋɔ̃ pẽ] 总：总是；乐：要；扮：打扮

好望个阿妹阿大才喜欢那喔，尼沙哉，[hɑu ŋɔ̃ gəʔ a məʔ a ta tɕia sɿ huẽ na o, n̠i sa tso] 好望个：好看的

喔喔。[o o]

咕咕咕咕咕咕啊喂，沙那哉，沙那哉，[ku ku ku ku ku ku a uei, sa n̠ia tsei, sa n̠ia tsei]

讲尔阿大冇笑我，冇笑我，[kɔ̃ ŋ a ta mɑu tɕʰiəu uɔ, mɑu tɕʰiəu uɔ]

作母侬 [囝啊]，作母侬 [囝啊]，[tsəʔ m noŋ tɕiẽ, tsəʔ m noŋ tɕiẽ]

总乐扮，总乐扮，[tsoŋ ŋɔ̃ pẽ, tsoŋ ŋɔ̃ pẽ]

好望个阿妹阿大才喜欢那喔，尼沙哉。[hɑu ŋɔ̃ gəʔ a məʔ a ta tɕia sɿ huẽ na o, n̠i sa tso]

咕咕咕咕咕咕咕咕咕啊喂，沙那哉，[ku ku ku ku ku ku ku ku ku ku a uei, sa n̠ia tsei]

好望个阿妹，好望个阿妹，[hɑu ŋɔ̃ gəʔ a məʔ, hɑu ŋɔ̃ gəʔ a məʔ]

好望个阿妹阿大才喜欢那喔，尼沙哉。[hɑu ŋɔ̃ gəʔ a məʔ a ta tɕia sɿ huẽ na o, n̠i sa tso]

喔喔。[o o]

　　这是一首男女对唱的山歌，蛮话叫"盘歌"[bẽ²²ku⁴⁴]或"盘歌囝"[bẽ²²ku⁴⁴tɕĩ¹⁴]。
旧时在干比较轻的体力活时，男女青年之间对唱山歌，互相挑逗。

（王田堂、沈宝荣、方慧慧、方静演唱）

一更那送郎那天未光，[iəʔ kẽ na soŋ lɔ̃ na tʰĩ mø kɔ̃] 天未光：天没亮

东楼小姊叫梅香，[toŋ lɔ ɕiəu tsɿ tɕiəu mø ɕiɔ̃]

叫尔梅香那煮早饭那，[tɕiəu ŋ mø ɕiɔ̃ na tɕy tsɔ pø na]

煮姊早饭去送郎。[tɕy tsɿ tsɔ pø tɕʰy soŋ lɔ̃]

两更那送郎那送鏵窠，[nɔ̃ kẽ na soŋ lɔ̃ na soŋ mɔ̃ kʰu] 鏵窠：厨房中堆放柴草等的场所

一杯京酒暖呼呼，[ia pai tɕiŋ tɕiəu nø fu fu] 京酒：一种酒

好个京酒那喝一盏那，[hau gəʔ tɕiŋ tɕiəu na ha iəʔ tsẽ na] 好个：好的；盏：量词

冇好京酒去一碗。[mɑu hau tɕiŋ tɕiəu tɕʰy iəʔ uẽ]

三更那送郎那送鏵间，[sẽ kẽ na soŋ lɔ̃ na soŋ mɔ̃ kai] 鏵间：厨房

骹□火管两对爿，[kʰɔ lai hø kø nɔ̃ tø bai] □：踩；火管：吹火管；爿：量词

尔隔壁叔婆那问我□□响那，[ŋ ka bi səʔ bu na meŋ o kʰəʔ lau ɕiɔ̃ na] 叔婆：婶婆；□□：什么地方

鏵窠冇柴破竹爿。[mɔ̃ kʰu mɑu dzɔ pʰu təʔ bai] 竹爿：竹片

四更那送郎那送后京，[sɿ kẽ na soŋ lɔ̃ na soŋ ɔ tɕiŋ] 后京：后厅

骹□地板好声音，[kʰɔ lai dia pai hau ɕiẽ ɪŋ]

尔隔壁叔婆那问我□□响那，[ŋ ka bi səʔ bu na meŋ o kʰəʔ lau ɕiɔ̃ na]

猫咪老鼠上栋梁。[mɔ̃ mĩ lɔ tɕʰy ɕiɔ̃ toŋ liɔ̃]

五更那送郎那送腔＝汪＝，[ŋ kẽ na soŋ lɔ̃ na soŋ tɕʰiɔ̃ ɔ̃] 腔＝汪＝：中堂、客厅

观音叔母坐正栋，[kuẽ ɪŋ səʔ mu zø tɕiẽ toŋ] 观音叔母：观音菩萨；正栋：屋脊

尔观音叔母那自管自那，[ŋ kuẽ ɪŋ səʔ mu na zɿ kuẽ zɿ na] 自管自：管自己

莫管姊姊去送郎。[mɑu kuẽ tsɿ tsɿ tɕʰy soŋ lɔ̃] 莫：不要

六更那送郎那路大头，[ləʔ kẽ na soŋ lɔ̃ na lu to dɔ] 路大头：路上

东排大路西排走，[toŋ bai to lu sai bai tsɔ]

尔东排大路那冇侬走那，[ŋ toŋ bai to lu na mɑu noŋ tsɔ na]

西排泥路走稻间。[sai bai nai lu tsɔ diəu kɔ]

　　这是一首侬客诗，叫《送郎歌》，此处为节选。表达女子送别情郎时的依依
不舍之情及关怀嘱咐。

（陈吕凤、陈尾凤演唱）

正月时节是新年啊，[tɕiē ȵiəʔ zʅ tsəʔ zʅ sɐŋ ȵĩ a]

尔冇份侬家啊叫长年，[ŋ mɑu fɐŋ noŋ koŋ a tɕiəu dɔ̃ ȵĩ] 侬家：人家；长年：长工

年头许尔一匹布啦，[ȵĩ dɔ ɕy ŋ iəʔ pʰiəʔ pu la] 年头：年初；许：承诺

尔年尾许尔一套衫头裤咯。[ŋ ȵĩ mø ɕy ŋ iəʔ tʰau sē dɔ kʰu lo] 年尾：年底；衫头裤：内衣裤

二月时节是加工啦，[ȵi ȵiəʔ zʅ tsəʔ zʅ ko koŋ la]

尔半碗肥肉半碗葱咯，[ŋ pē uē bai ȵiəʔ pē uē tsʰoŋ lo]

尔主家日日沃＂是肉啦，[ŋ tɕy ko ȵiəʔ ȵiəʔ o zʅ ȵiəʔ la] 沃＂：都

尔侬客日日沃＂是葱咯。[ŋ noŋ kʰa ȵiəʔ ȵiəʔ o zʅ tsʰoŋ lo] 侬客：客人，这里指长工

尔三月个时节是拔秧啊，[ŋ sē ȵiəʔ gəʔ zʅ tsəʔ zʅ bəʔ ɔ̃ a]

尔主家未农半暝叫天光咯，[ŋ tɕy ko mø noŋ pē mã tɕiəu tʰĩ kɔ̃ lo] 未农：还没有；半暝：半夜；天光：天亮

尔拔了一百零八个秧啊，[ŋ bəʔ ləʔ iəʔ pa lɨŋ pəʔ kø ɔ̃ a]

尔春过米啊铰过糠咯，[ŋ tsoŋ ku mĩ a ka ku kʰɔ̃ lo]

尔春过龙籼啊未天光。[ŋ tsoŋ ku loŋ ɕĩ a mø tʰĩ kɔ̃] 龙籼：比较好的一种籼米

尔跳底跳出碰门枋那，[ŋ diəu ti diəu tɕʰiəʔ pʰoŋ mø hɔ̃ na] 跳底：走进；跳出：走出

尔隔壁叔婆驮来当贼拦啊。[ŋ ka bi səʔ bu dau li tɔ̃ zəʔ lē a] 驮：拿，抱

尔这个主家兄嫂啊假盲瞎咯。[ŋ tsəʔ kø tɕy ko ɕiē sau a ko mɔ̃ dɔ̃ lo] 盲瞎：瞎

尔四月时节是撩藻啊，[ŋ sʅ ȵiəʔ zʅ tsəʔ zʅ liəu biəu a] 撩藻：捞浮萍

尔主家讲我撩冇藻咯，[ŋ tɕy ko kɔ̃ o liəu mɑu biəu lo]

我侬客背脊心驮□奈何桥啊，[o noŋ kʰa pəʔ tɕi ɕɪŋ tʰo ŋɔ̃ nē u dziəu a] 背脊心：脊柱；□：像

我奈何桥上风吹动啊，[o nē u dziəu ɕiɔ̃ hoŋ tsʰø doŋ a]

我奈何桥落水流动哦。[o nē u dziəu lau tɕy lɔ doŋ o]

五月时节划龙船啊，[ŋ ȵiəʔ zʅ tsəʔ zʅ u loŋ zioŋ a]

尔江边拍鼓啊闹重重，[ŋ kɔ̃ pĩ pʰa ku a nɔ̃ dzoŋ dzoŋ]

尔船头船尾主家坐啊，[ŋ zioŋ dɔ zioŋ mø tɕy ko zø a]

尔拍锣拍鼓做膡侬。[ŋ pʰa lau pʰa ku tsau dzai noŋ] 做膡侬：种田人

六月时节是割稻啊，[ləʔ ȵiəʔ zʅ tsəʔ zʅ kəʔ tʰiəu a]

尔主家拍管镰钩啊乌溜溜，[ŋ tɕy ko pʰa kuē lĩ kɔ a u liəu liəu] 镰钩：镰刀

尔好个镰钩割三亩啊，[ŋ hau gəʔ lĩ kɔ kəʔ sē mu a]

尔冇好镰钩左手割了右手薅咯。[ŋ mɑu hɑu lĭ kɔ tsu tɕʰiəu kəʔ ləʔ iɑu tɕʰiəu ho lo] 薅：拔草

尔七月时节担河泥啊，[ŋ tɕʰiəʔ ȵiəʔ zɿ tsəʔ tē ɑu nɑi a] 担河泥：挑河泥

尔主家讲我啊担冇泥，[ŋ tɕy ko kɔ̄ o a tē mɑu nɑi]

我四个弟兄□□米゠哝齐啊，[o sɿ kø di ɕiē tso tsɿ mĭ noŋ zɑi a] □□：站着；米゠哝齐：整齐

我一日担尔啊七载泥，[o iəʔ ȵiəʔ tē ŋ a tɕʰiəʔ za nɑi] 七载：七年

我一直送了尔垟心塍咯。[o iəʔ dzɿ soŋ ləʔ ŋ iɔ̃ ɕiŋ dzɑi lo] 垟心塍：离河流较远、灌溉不便的田，是收成较差的田

尔八月时节收交青啦，[ŋ pəʔ ȵiəʔ zɿ tsəʔ ɕiəu kɔ tsʰē la] 交青：农业上青黄不接的季节

尔主家冇柴冇米啊吵五更咯，[ŋ tɕy ko mɑu dzo mɑu mi a tsʰɔ ŋ kē lo]

尔主家食碗白米饭啊，[ŋ tɕy ko zi uē pa mĭ pø a]

尔侬客喝碗啊番丝汤嘞。[ŋ noŋ kʰa ha uē a fē sɿ tʰɔ̃ le] 番丝：红薯丝，红薯刨成丝晒干而成

尔九月时节九重阳啊，[ŋ kɔ ȵiəʔ zɿ tsəʔ kɔ dzoŋ iɔ̃ a]

尔重阳做酒啊满间香咯，[ŋ dzoŋ iɔ̃ tsɑu tɕiəu a mē kɑi ɕiɔ̃ lo] 间：房间

尔主家喝碗重阳酒啊，[ŋ tɕy ko ha uē doŋ iɔ̃ tɕiəu a]

尔侬客喝碗啊苦莲汤嘞。[ŋ noŋ kʰa ha uē a kʰu lĭ tʰɔ̃ le]

尔十月时节是犁塍啊，[ŋ zəʔ ȵiəʔ zɿ tsəʔ zɿ lɑi dzɑi a] 犁塍：耕田

尔主家讲我啊犁冇塍，[ŋ tɕy ko kɔ̄ o a lɑi mɑu dzɑi]

我好个畜生犁九亩啦，[o hɑu gəʔ tɕʰiəʔ sē lɑi kɔ mu la]

我冇好畜生□拍□怀走咯。[o mɑu hɑu tɕʰiəʔ sē nē pʰa nē m tso lo] □…□…：越…越…；怀：不

尔十一月时节冬节边啊，[ŋ zəʔ iəʔ ȵiəʔ zɿ tsəʔ toŋ tsəʔ pĭ ia] 冬节：冬至

尔主家磨碗汤圆啊请家仙哟，[ŋ tɕy ko mɔ̃ uē tʰɔ̃ ø a tɕʰiē ko ɕĭ io] 请家仙：祭祀过世的先人

尔主家食碗糖霜圆啊，[ŋ tɕy ko zi uē dɔ̃ ɕiɔ̃ ø a] 糖霜：白糖

我侬客喝碗啊格白吞嘞。[o noŋ kʰa ha uē a ka ba tʰø le] 格白吞：没有加调料吃

尔十二月时节是年边呀，[ŋ zəʔ ȵi ȵiəʔ zɿ tsəʔ zɿ nĭ pĭ ia]

我主家坐落算工钱，[o tɕy ko zɔ lɑu sø koŋ zĭ] 坐落：坐下

我主家算算值三分钱呀，[o tɕy ko sø sø diəʔ sē fəŋ zĭ ia]

我侬客算算怀值一双啊草鞋钱咯。[o noŋ kʰa sø sø m diəʔ iəʔ soŋ a tsʰɔ ai zĭ lo]

　　侬客诗之一。表达过去地主对长工的剥削，以及长工生活的艰苦、劳作的艰辛。

（陈尾凤演唱）

带囝诗 [to⁵¹tɕĩ¹⁴sɿ⁴⁴]

一条那带囝一点红，[iəʔ diəu na to tɕĩ iəʔ tai oŋ] 带囝：带子

姊那生好害别侬，[tsɿ na sē hau ha bəʔ noŋ] 生好：漂亮；别侬：别人

害尔六郎那走暗路那，[ha ŋ ləʔ lõ na tsɔ ē lu na] 尔：你；走暗路：走邪路

地上冇日争死郎。[ti ɕiõ mau n̠iəʔ tsē sɿ lõ] 冇：没有；争死：辛苦工作

两条那带囝两点金，[nõ diəu na to tɕĩ nõ tai tɕiŋ]

姊那生好好做亲，[tsɿ na sē hau hau tsau tɕʰiŋ]

尔三火别别那是眼泪那，[ŋ sē hø biəʔ biəʔ na zɿ ŋai lø na] 火别别：着急

四火别别是操心。[sɿ hø biəʔ biəʔ zɿ tsʰɔ ɕiŋ]

三条那带囝芝麻边，[sē diəu na to tɕĩ tsɿ mõ pĩ]

姊那生好笑嘻嘻，[tsɿ na sē hau tɕʰiəu ɕi ɕi]

尔六郎冇拨姊姊共凳坐那，[ŋ ləʔ lõ mau pəʔ tsɿ tsɿ dʑioŋ tai zø na] 拨：跟，和；共凳：一张凳子

百样花草当一寸。[pa iõ ho tsʰɔ tõ iəʔ tsʰø]

四条那带囝呀是七寸，[sɿ diəu na to tɕĩ ia zɿ tɕʰiəʔ tsʰø]

六郎问姊几铀岁，[ləʔ lõ məŋ tsɿ tɕy dĩ sø] 几铀岁：几岁

今年过了那十七春那，[kē n̠ĩ ku lɔ na zəʔ tɕʰiəʔ tɕʰioŋ na]

明年过了十八冬。[məŋ n̠ĩ ku lɔ zəʔ pəʔ toŋ]

五条那带囝五六样，[ŋ diəu na to tɕĩ ŋ ləʔ iõ]

姊那生好问六郎，[tsɿ na sē hau məŋ ləʔ lõ]

别侬间底那冇侬坐那，[bəʔ noŋ kai ti na mau noŋ zø na] 间底：房间里

我个间底坐落一班读书侬。[o kʰəʔ kai ti zø lɑu iəʔ pẽ dəʔ ɕy noŋ] 个：的；坐落：坐下

六条那带团六安安，[ləʔ diəu na to tɕĩ ləʔ ẽ ẽ] 六安安：表示安全，平安

十八岁媛主花怀贪，[zəʔ pəʔ sø ỹ tɕy ho m tʰẽ] 媛主：女孩；怀：不

贪尔钱财那有长短那，[tʰẽ ŋ zĩ tsʰa na u dɔ̃ tø na]

贪尔侬貌离不开。[tʰẽ ŋ noŋ ma li pəʔ kʰe] 侬貌：样貌

七条那带团跳过沟，[tɕʰiəʔ diəu na to tɕĩ tʰiəu ku kɔ]

白灵堂衣裳摆桌头，[pa lŋ dɔ̃ i sẽ pai dɔ̃ də] 白灵堂：灵堂；桌头：桌子上

尔头更摆起那白毛笋那，[ŋ dɔ kẽ pai tsʰŋ na pa mɔ ɕioŋ na] 头更：一更；白毛笋：清明笋

二更摆起满间红。[ɲi kẽ pai tsʰŋ mẽ kai oŋ] 满间红：家具摆得很有排场

八条那带团八点红，[pəʔ diəu na to tɕĩ na pəʔ tai oŋ]

十八岁媛主未乞侬，[zəʔ pəʔ sø ỹ tɕy mø kʰəʔ noŋ] 乞侬：嫁人

尔十八岁媛主那有劲头那，[ŋ zəʔ pəʔ sø ỹ tɕy na u tɕŋ dɔ na]

好□江边山水流深洋。[hau tsɔ kɔ̃ pĩ sẽ tɕy lɔ tɕʰŋ iɔ̃] 好□：好比

九条那带团九叉叉，[kɔ diəu na to tɕĩ kɔ tsʰo tsʰo]

十八岁媛主未合婚，[zəʔ pəʔ sø ỹ tɕy mø ha hø] 合婚：合八字

尔哪个菜篮那冇陈菜那，[ŋ na kø tsʰa lẽ na mɑu dai tsʰa na] 陈菜：剩菜

哪个媛主冇侬爱。[na kø ỹ tɕy mɑu noŋ a]

十条那带团十侬惊，[zəʔ diəu na to tɕĩ zəʔ noŋ tɕiẽ] 惊：害怕

姊那会讖我怀惊，[zŋ na ø tsʰẽ o m tɕiẽ] 讖：骂人

尔自个讲话那望底收那，[ŋ səʔ kø kɔ̃ o na məʔ ti ɕiəu na] 望底收：往回收

莫把六郎驮来□私名。[mɑu pəʔ ləʔ lɔ̃ dɑu li tai sŋ miẽ] 驮：拿；□：败坏

十一条带团十一样，[zəʔ iəʔ diəu to tɕĩ zəʔ iəʔ iɔ̃]

姊那生好问六郎，[tsŋ na sẽ hau məŋ ləʔ lɔ̃]

尔面拍苏州月白粉那，[ŋ mŋ pʰa su tɕiəu ɲiəʔ pʰa fəŋ na] 面：脸；苏州月白粉：一种水粉，化妆品

口搽胭脂一点红。[kʰau dzo i tsŋ iəʔ ti oŋ]

十二条带团那是年边，[zəʔ ɲi diəu to tɕĩ na zŋ nĩ pĩ]

姊那驮姆笑嘻嘻，[zŋ na dɑu mai tɕʰiəu ɕi ɕi] 姆：小孩子

尔二名三名那冇用讲那，[ŋ ɲi miẽ sẽ miẽ na mɑu ioŋ kɔ̃ na]

头名状元算六郎。[dɔ miẽ tɕiɔ̃ ỹ sø ləʔ lɔ̃]

一品那坐佛赐四方，[iəʔ pʰiŋ na zø fəʔ zʅ sʅ fɐŋ]

千硐魂灵求苦僧，[tsʰai doŋ ø liŋ dʑiɑu kʰu sɐŋ]

尔苏仙游走那花落又冬那，[ŋ su ɕĩ iɑu tsɔ na ho ləʔ iɑu toŋ na] 苏仙：戏曲人物

花开结子后秀身。[ɦɑ kʰe tɕiəʔ tsʅ ɑu ɕiəu sɐŋ]

阿婆那兜米款待侬，[a bu na tɔ mĩ kʰẽ tø noŋ] 兜米：盛米；侬：人

双手牵孙五代侬。[soŋ tɕʰiəu tɕʰĩ sø ŋ tø noŋ]

阿嫂那兜米那兜茶杯那，[a sɑu na tɔ mĩ na tɔ dzo pai na]

麒麟送子状元姆。[dzʅ liŋ soŋ tsʅ tɕiɔ̃ ỹ mai]

怀是小妹那怀肯唱那，[m zʅ ɕiəu mø na m kʰai tɕʰiɔ̃ na]

一日唱怀得几份侬。[iəʔ ɲiəʔ tɕʰiɔ̃ m tiəʔ tɕy fɐŋ noŋ] 唱怀得：唱不了

　　花鼓是蛮话地区的一种曲艺形式，事实上通行于温州地区。这首《带团诗》用蛮话演唱，表达女孩子的思春之情。

（陈吕凤、陈尾凤演唱）

牛郎织女 [ŋau²²lɔ̃²²⁴tɕiə²⁴n̠y³²³]

从前有一个伢囝，[dzoŋ²²zai²²⁴u¹⁴ə?³kø⁰ŋai⁵¹tɕĩ¹⁴] 伢囝：孩子

从琐啊阿伯阿母就冇啊了。[dzoŋ²²sai⁵¹a⁰ə?³pa⁵¹ə?³m¹⁴ziəu²²mɑu¹⁴a⁰lə?⁰] 从琐：从小；阿伯：父亲；阿母：母亲；

冇：去世

处底啊穷闷穷，[tɕʰiə?⁴ti¹⁴a⁰dzioŋ²²mɐŋ⁰dzioŋ²¹] 处底：家里；…闷…：表示程度，很

留落来个呢□那一头牛。[lɔ²²lɑu²¹li⁰kø⁰ni⁰ɕiə?⁴na⁰iə²⁴dɔ³²³ŋ²²⁴] 落来：下来；个：助词，的；□那：只有

这个伢囝啊每日望牛，[tsə?⁴gə?⁰ŋai⁵¹tɕĩ¹⁴a⁰mai¹⁴n̠iə²ŋɔ̃¹⁴ŋ³²³] 望牛：放牛

勤力闷勤力。[dzioŋ²²liə?²mɐŋ⁰dzioŋ²²liə?²] 勤力：勤劳

这个牛实事上啊怀是一头一般个牛，[tsə?⁴gə?⁰ŋ²²⁴ɕiə?⁴z̩²²ɕiɔ̃²⁴a⁰m²²z̩¹⁴iə?⁴dɔ³²³iə?⁴pẽ⁴⁴gə?⁰ŋ²²⁴] 实事上：

实际上；怀是：不是

是一个天上面头个金牛星。[z̩²²iə?¹⁴kø⁵¹tʰĩ¹⁴ɕiɔ̃⁴⁴mĩ⁴⁴dɔ³²³gə?⁰tɕiŋ³³ŋau²²ɕiŋ⁴⁴] 天上面头：天上

这个牛望这伢囝将"勤力将"乖，[tsə?⁴gə?⁰ŋ²²⁴ŋɔ̃²²tɕiə?⁴ŋai⁵¹tɕĩ¹⁴tɕiɔ̃¹⁴dzioŋ²²liə?²tɕiɔ̃¹⁴kua⁵¹] 望：看；将"："这

样"的合音，么

伊有一日啊，托梦乞这伢囝，[i¹⁴u²²ə?³n̠iə?²a⁰，tʰə?⁴moŋ⁵¹kʰə?⁴tsə?⁴gə?⁰ŋai⁵¹tɕĩ¹⁴] 伊：他，它；乞：给

伊讲啊：尔第二日天光爬起，[i¹⁴kɔ̃¹⁴a⁰：ŋ¹⁴tai⁵¹n̠i²²n̠iə?²tʰiŋ³³kɔ̃⁴⁴bu²²tsʰ̩¹⁴] 尔：你；天光：天亮；爬起：起床

走到阿们东村山骹下，[tsɔ¹⁴tɔ⁵¹a³mɐŋ¹⁴toŋ³³tsʰø⁴⁴sẽ³³kʰɔ⁴⁴o²²] 阿们：我们；骹：脚

有一个湖里啊，[u¹⁴ə?³kø⁵¹u²²li²¹a⁰]

有很盒"个仙女啊宿□洗身体。[u²²hɐŋ¹⁴ha³²³gə?⁰ɕĩ⁴¹n̠y³²³a⁰sə?⁴dø⁰sai¹⁴ɕiŋ³³tʰai¹⁴] 盒"：多；宿□：副词，表示

动作正在进行

尔走去个时节呢，[ŋ¹⁴tsɔ¹⁴tɕʰy⁵¹gə?⁰z̩²²tsə?¹⁴ni⁰] 时节：时候

就拨有一个仙女其中一个个衣裳啊，[ziəu²²pə?⁴u¹⁴ə?³kø⁵¹ɕi⁴¹n̠y³²³dz̩³³tsoŋ⁴⁴iə?⁴kø⁵¹gə?⁰n̠ĩ³³n̠iɔ̃⁴⁴a⁰]

拨：把

伊驮下来啊就□望归射，[i¹⁴dɑu²²o⁰li⁰a⁰ziəu²²ɕiə?⁴mə?⁴kø⁴⁴ʑy²¹] 驮：拿；□：相当于"了"；望归：往家；射：跑

头也怀用拎＝。[dɔ²²⁴a⁰m²²ioŋ²²lıŋ⁴⁴] 拎＝：转

这个牛郎呢听伊将＝讲么，[tsə?²⁴gə?⁰ŋɑu²²lɔ̃²¹mi⁰tʰiɛ̃⁴¹i¹⁴tɕiɔ̃⁵¹kɔ̃¹⁴mi⁰]

第二日天光啊就早闷早爬起，[tai⁵¹n̠i²²n̠iə?²tʰi³³kɔ̃⁴⁴a⁰ziəu²²tsɔ¹⁴mɐŋ⁰tsɔ¹⁴bu²²tsʰı̩¹⁴]

就望这个地方走。[ziəu²²mə?²⁴tsə?⁰di³³hɔ̃⁴⁴tsɔ¹⁴]

走走到个时啊真真望着啊，[tsɔ⁴⁴tsɔ¹⁴tɔ⁵¹gə?⁰zı̩²²a⁰tɕıŋ³³tɕıŋ⁴⁴ŋɔ̃⁵¹dy⁰a⁰] 着：助词，表示结果

很盒＝个仙女啊就宿□啊搞水啊。[hɐŋ¹⁴ha³²³gə?⁰ɕĩ⁴¹n̠y³²³a⁰ziəu²²sə?²⁴dø⁰a⁰kɔ⁴⁴tɕy¹⁴a⁰] 搞水：玩水

这牛郎呢悄悄走去，[tsə?²⁴ŋɑu²²lɔ̃²¹n̠i⁰ɕʰiəu⁴⁴ɕʰiəu¹⁴tsɔ¹⁴i⁰]

拨有一个树里挂□个粉红个衣裳么，[pə?²⁴u¹⁴ɔ?⁰kø⁵¹tɕʰiəu⁵¹li⁰kɔ⁵¹də?⁰gə?⁰fɐŋ¹⁴oŋ³²³gə?⁰n̠ĩ³³n̠iɔ⁴⁴mi¹]

　□：助词，着

就望归驮就驮来啊了。[ziəu²²mə?²⁴kø⁴⁴dɑu²²⁴ziəu²²dɑu²¹li⁰a⁰lə?⁰]

就望归射了，头也真真怀拎＝转了，[ziəu²²mə?²⁴kø⁴⁴zy²¹lə?⁰， dɔ²²⁴a⁰tɕıŋ³³tɕıŋ⁴⁴m²²lıŋ⁴⁴tø¹⁴lə?⁰]

射到处底。[zy²²tɔ⁵¹tɕʰiə?²⁴ti¹⁴]

第二日暝晡，[tai⁴⁴n̠i²²n̠iə?²mɔ̃²²pu⁴⁴] 暝晡：晚上

这个门啊，有侬敲门声音，[tsə?²⁴gə?⁰mø²²⁴a⁰， u²²noŋ²¹kʰɔ⁴⁴mø²¹ɕiɛ̃³³ıŋ⁴⁴]

开开爻啊，[tɕʰy³³tɕʰy⁴⁴ɔ̃⁰a⁰] 爻：助词，表完成

是这个仙女走来驮衣裳。[zı̩²²tsə?²⁴gə?⁰ɕĩ⁴¹n̠y³²³tsɔ¹⁴li⁰dɑu²²n̠ĩ³³n̠iɔ̃⁴⁴]

这个仙女个名字就叫织女。[tsə?²⁴gə?⁰ɕĩ⁴¹n̠y³²³gə?⁰miɛ²²zı̩²²ziəu²²tɕiəu¹⁴tɕiə?²⁴n̠y³²³]

以后啊两侬就成为恩爱个夫妻了。[i²²ɔ²²a⁰nɔ̃¹⁴noŋ²¹ziəu²²zıŋ²²uai⁵¹ɐŋ⁴⁴a⁵¹gə?⁰fu³³tsʰai⁴⁴lə?⁰]

过去三年以后，[ku⁵¹tɕʰy⁴¹sɛ̃⁴⁴n̠ĩ²¹i²²ɔ²²]

生了两个伢囝，[sɛ̃⁴⁴lə?⁰nɔ̃¹⁴gə?⁰ŋai⁵¹tɕĩ¹⁴]

一男一女，[iə?²⁴nɛ̃³²³iə?²⁴n̠y¹⁴]

生活过得好闷好。[sɛ̃⁴⁴uə?²ku⁵¹tə?⁰hau⁴⁴mɐŋ⁰hau¹⁴]

这个事干啊乞天上面头个玉皇大帝晓得了，[tsə?²⁴gə?⁰sı̩⁵¹kɛ̃⁵¹a⁰kʰə?²tʰĩ⁴⁴ɕiɔ̃⁴⁴mĩ⁴⁴dɔ²²⁴gə?⁰n̠iə?²ɔ̃²¹da²²
　dai²²sa¹⁴tiə?²⁴lə?⁰] 事干：事情；晓得：知道

这仙女下凡用怀着个了。[tɕiə?²⁴ɕĩ⁴¹n̠y³²³o⁴⁴fɛ̃¹⁴ioŋ²²m²²dy⁰gə?⁰lo⁰] 用怀着：不可以

有一日啊天上面头啊单下啊，[u⁴⁴ə?²³n̠iə?²a⁰tʰĩ⁴⁴ɕiɔ̃⁴⁴mĩ⁴⁴dɔ³²³a⁰dɛ̃⁴⁴o²²a⁰] 单下：忽然，一下子

雷响闷响，[la²²⁴ɕiɔ̃⁴⁴mɐŋ⁰ɕiɔ̃¹⁴]

风大闷大，[hoŋ⁴⁴tu⁴⁴mɐŋ⁰tu⁴¹]

雷风烁暴一色。[la²²hoŋ⁴⁴ɕiə²⁴pau⁵¹iə²⁴sə²¹⁴] 雷风烁暴：雷电交加；一色：一样

这个时节呢，[tsə²⁴gə²⁰z̩²²tsə²¹⁴ni⁰]

这个仙女单下望怀着爻了，[tsə²⁴gə²⁰ɕĩ⁴¹n̩y³²³tẽ⁵¹o⁵¹ŋɔ̃²²m̩²²dy⁰ɔ⁰lə²⁰] 望怀着爻：不见了

这两个伢囝啊就那˝啼那˝啼叫姆妈。[tsə²⁴nɔ̃⁴⁴kø¹⁴ŋai⁵¹tɕĩ¹⁴a⁰ziəu²²na¹⁴ti³²³na¹⁴ti²⁴tɕiəu⁵¹m̩²²ma²²⁴]

　　那˝：拼命地、使劲儿地，一直不停地；啼：哭；姆妈：妈妈

这个时节牛郎就想一滴办法也冇。[tsə²⁴gə²⁰z̩⁴⁴tsə²¹⁴ŋau²²lɔ̃²¹ziəu²²ɕiẽ¹⁴iə²⁴tiə²¹⁴pai⁵¹fə²¹⁴a⁰mau¹⁴]

　　一滴：一点儿；冇：没有

单下爻这牛讲话了爻，[tẽ⁵¹o⁵¹ɔ⁰tɕiə²⁴ŋ²²kɔ̃¹⁴u³²³lə²⁰go⁰]

这牛讲啊：[tsə²⁴ŋ²²kɔ̃¹⁴a⁰]

牛郎，尔快来，[ŋau²²lɔ̃²¹，ŋ¹⁴kʰai⁵¹le⁴¹]

用我两个角，[ioŋ²²uɔ¹⁴nɔ̃¹⁴gə²⁰kau⁵¹]

我的两个角驮来变是两堂箝，乞这伢囝坐，尔拦上去就是了。[uɔ¹⁴tə²⁰nɔ̃¹⁴gə²⁰kau⁵¹dau²²i⁰pĩ⁵¹z̩²²nɔ̃¹⁴dɔ̃³²³bu²²，kʰə²⁴tsə²⁴ŋai⁵¹tɕĩ¹⁴zø²²，ŋ¹⁴lẽ²²ɕiɔ̃¹⁴i⁰ziəu²²z̩²¹lə²⁰] 堂：量词，指成对或成套的东西；箝：箩筐；拦：追赶

这个时节啊伊讲啊这两个牛个角啊就遁下落来了。[tsə²⁴gə²⁰z̩²²tsə²¹⁴a⁰i¹⁴kɔ̃¹⁴a⁰tsə²⁴nɔ̃¹⁴gə²⁰ŋ²²⁴gə²⁰kau⁵¹a⁰ziəu²²dø²²o²²lau⁰li⁰lə²⁰] 遁：掉

牛郎啊就拨这两个角驮来啊，[ŋau²²lɔ̃²¹a⁰ziəu²²pə²⁴tsə²⁴nɔ̃¹⁴gə²⁰kau⁵¹dau²²li⁰a⁰]

真真喔变下起来两堂箝，[tɕiŋ³³tɕiŋ⁴⁴o⁰pĩ⁵¹o²²tsʰŋ̩⁰li⁰nɔ̃¹⁴dɔ̃³²³bu²²]

拨伢囝担起来啊就望织女上面头天上面头拦了。[pə²⁴ŋai⁵¹tɕĩ¹⁴tẽ⁴⁴tsʰŋ̩⁰li⁰a⁰ziəu²²məʔ²⁴tɕiə²⁴n̩y³²³ɕiɔ̃⁴⁴mĩ⁴⁴dɔ³²³tʰĩ⁴⁴ɕiɔ̃⁴⁴mĩ⁴⁴dɔ³²³lẽ²²⁴lə²⁰]

拦拦啊就乞拦牢个时节，[lẽ²²⁴lẽ²²⁴a⁰ziəu²²kʰə²⁴lẽ²²⁴lau⁰gə²⁰z̩⁴⁴tsə²¹⁴] 拦牢：追上

叫王母娘娘啊望着，[tɕiəu⁵¹ɔ̃²²mu¹⁴n̩iɔ̃²²n̩iɔ̃²¹a⁰ŋɔ̃⁵¹dy⁰] 望着：看见

快乐拦牢了，[kʰai⁵¹ŋɔ̃²²lẽ²²⁴lau⁰lə²⁰] 乐：要

就拨头里拔落一个头簪啊，[ziəu²²pə²⁴dɔ²²⁴li⁰bə²⁴lau²²iə²⁴gə²⁰dɔ²²tsẽ⁴⁴a⁰] 拔落：拔下

就划下落来啊，[ziəu²²ua²²o²²lau²²li⁰a⁰]

单下啊就变成一条河，[tẽ⁵¹o²²a⁰ziəu²²pĩ⁵¹z̩ŋ²²iə²⁴diəu²²au²²⁴]

阔阒阔个河，走怀过去了。[kʰuə²⁴məŋ⁴⁴kʰuə²⁴gə²⁰au²²⁴，tsɔ¹⁴m̩²²ku⁵¹tɕʰy⁵¹lə²⁰] 阔阒阔：很宽

这条河名称就叫"银河"。[tsə²⁴diəu²²au²²⁴miẽ²²tɕʰiŋ⁴⁴ziəu²²tɕiəu⁵¹"n̩ioŋ²²au²²⁴"]

走怀过去了□[若样]妆妆呢？[tsɔ¹⁴m̩²²ku⁵¹tɕʰy⁵¹lə²⁰ta⁵¹ɕiɔ̃¹⁴tɕiɔ̃³³tɕiɔ̃⁴⁴ni⁰] □：应该；[若样]妆妆：怎么办

冇办法这个事干感动喜鹊，[mɑu¹⁴pai⁵¹fə²ʔ¹⁴tsə²ʔ⁴gəʔ⁰zɿ²¹kẽ⁵¹kẽ¹⁴doŋ²²sɿ⁵¹tɕʰiəʔ¹⁴]

天上面头飞飞个喜鹊盒⁼闷盒⁼，[tʰɿ⁴⁴ɕiɔ⁴⁴mĩ⁴⁴dɔ³²³pø⁴⁴pø⁴⁴gəʔ⁰sɿ⁵¹tɕʰiəʔ¹⁴ha²²mɐŋ⁰ha²¹] 盒⁼闷盒⁼：很多

汇拢汇拢来，[ø²²loŋ⁰ø²²loŋ⁰li⁰] 汇拢：汇集

有一年七月七个时节就汇拢汇拢汇拢搭起搭起一个桥。[u¹⁴əʔ⁰nĩ²¹tɕʰiəʔ⁴n̩iəʔ⁴tɕʰiəʔ¹⁴gəʔ⁰zɿ²²tsəʔ¹⁴ ziəu²²ø²²loŋ⁰ø²²loŋ⁰ø²²loŋ⁰təʔ⁴tsʰɿ⁰təʔ⁴tsʰɿ⁰iəʔ⁴gəʔ⁰dziəu²²⁴]

喜鹊尾巴搭拢搭拢搭拢一个桥，[sɿ⁵¹tɕʰiəʔ¹⁴mø⁴⁴pu⁴⁴təʔ⁴loŋ⁰təʔ⁴loŋ⁰təʔ⁴loŋ⁰iəʔ⁴gəʔ⁰dziəu²²⁴]

乞这牛郎织女在这一日个时节，[kʰəʔ⁴tsəʔ⁴ŋɑu²²lɔ²¹tɕiəʔ⁴ny³²³dze²²tɕiəʔ⁴iəʔ⁴n̩iəʔ¹⁴gəʔ⁰zɿ²²tsəʔ¹⁴]

通过喜鹊个桥宿□走向相会，两人相会。[tʰoŋ⁴⁴ku⁵¹sɿ⁵¹tɕʰiəʔ¹⁴gəʔ⁰dziəu²²⁴səʔ⁴dø⁰tsɔ¹⁴ɕiɔ⁵¹ɕiɔ⁵¹ø²¹，nɔ̃¹⁴noŋ²¹ɕiɔ⁵¹ø²¹]

所以啊这个故事啊留落来，[so⁴⁴i¹⁴a⁰tsəʔ⁴gəʔ⁰ku¹⁴zɿ²²a⁰lɔ²²lau²²⁴li⁰]

每一年阿们七月七个这个日子，[mai¹⁴əʔ⁴nĩ³²³a⁰mɐŋ¹⁴tɕʰiəʔ⁴n̩iəʔ⁴tɕʰiəʔ¹⁴gəʔ⁰tsəʔ⁴gəʔ⁰n̩iəʔ⁴tsɿ³²³]

就是牛郎织女相会。[ziəu²²zɿ²²ŋɑu²²lɔ²¹tɕiəʔ⁴ny³²³ɕiɔ⁵¹ø²¹]

牛郎织女

　　从前有个孩子，从小父母就去世了，家里很穷，只留下一头老牛与他相伴。这个孩子每天放牛，很勤劳。这头牛不是一般的牛，而是天上的金牛星下凡。它看这个孩子又勤劳又乖，就在一天晚上托梦给这个孩子。它说："你第二天早上起来到东村山脚下，那里有个湖，湖里有很多仙女在洗澡。你去的时候，把其中一个仙女的衣服拿了就头也不回地往家跑。"这个牛郎信了，第二天天没亮就起来往东村山脚下走。到了以后，真的看到一群仙女在湖里玩水。牛郎就悄悄过去，把树上挂的一件粉红色的衣服拿下来，头也不回地往家跑。第二天晚上，有人来敲牛郎的家门，打开一看，就是那件衣服的主人，这个仙女就是织女。从此之后，牛郎和织女就成了夫妻，两人十分恩爱。过了三年，两人生了两个孩子，一男一女，生活十分美满。但是，织女私自下凡这件事被玉皇大帝知道了，玉皇大帝十分生气。有一天，天上突然电闪雷鸣，织女忽然不见了。两个孩子边哭边要妈妈，牛郎在一边急得没有办法。这时候老牛忽然说话了。老牛说："你把我的两个牛角拿去，变成两个箩筐，把孩子放在箩筐里，你担着箩筐去追织女吧。"说着，牛角就掉落下来，牛郎拿着牛角，果然变成了两个箩筐。牛郎把孩子放进箩筐，担起箩筐就飞上天了，往织女的方向追去。追啊，追啊，快要追上的时候，被王母娘娘看见了，王母娘娘拔下头上的金钗一划，天上出现了一条河，河面很宽，牛郎过不去。这条河就是银河。过不去怎么办呢？这时候，喜鹊出现了。它们被牛郎织女的感情感动。有一年的七夕，很多喜鹊汇集起来，在银河上头尾相衔，为牛郎和织女搭了一座鹊桥，让牛郎和织女在这一日相会。这个故事就这样流传下来，每年的七月七就是牛郎织女相会的日子。

头做二做三做 [dɔ²²tsɑu⁵¹n̪i⁵¹tsɑu⁵¹sẽ⁵¹tsɑu⁵¹]

今日我乞大家侬讲个故事，[kẽ¹⁴n̪iə?⁴uɔ¹⁴kʰə?⁴da³³ko⁴⁴noŋ²¹kɔ̃¹⁴gə?⁰ku¹⁴z̩²²] 乞：给；大家侬：大家

叫"头做二做三做"。[tɕiəu⁵¹"dɔ²²tsɑu⁵¹n̪i⁵¹tsɑu⁵¹sẽ⁵¹tsɑu⁵¹"]

以前有一份好侬家，[i⁴⁴zɑi¹⁴u²²ə?⁰vɐŋ²²hɑu¹⁴noŋ²²ko⁴⁴] 一份：一个，一户；好侬家：富裕人家

叫了几个长年侬客，[tɕiəu⁵¹lə?⁰tɕy¹⁴kə⁵¹dɔ̃²²n̪ĩ²²noŋ²²kʰa¹] 长年侬客：长工

分"头做、二做、三做"三等。[pø⁴⁴"dɔ²²tsɑu⁵¹、n̪i⁵¹tsɑu⁵¹、sẽ⁵¹tsɑu⁵¹"sẽ⁴⁴tɐŋ¹⁴]

"三做"工资顶矮；["sẽ⁵¹tsɑu⁵¹"koŋ³³ts̩⁴⁴tɪŋ⁴⁴ai¹⁴] 顶：最

"二做"呢价钱呢比"三做"悬点点；["n̪i⁵¹tsɑu⁵¹"ni⁰ko¹⁴z̩³²³ni⁰pə?⁴sẽ⁵¹tsɑu⁵¹"gɑi²²tɑi⁴⁴tɑi¹⁴] 悬：高

"头做"呢主侬家不论何物事统乞伊管，["dɔ²²tsɑu⁵¹"ni⁰tɕy¹⁴noŋ³²³ko⁴⁴pə?⁴lə⁵¹gə?²m¹⁴sa⁵¹tʰoŋ¹⁴

kʰə?⁴i⁴¹kuẽ¹⁴] 主侬家：主人家；何物事：什么事；伊：他

好比陪客侬食酒啊、[hɑu⁴⁴pə?¹⁴bø²²kʰa¹⁴noŋ³²³ɕi⁴⁴tɕiəu¹⁴a⁰] 客侬：客人；食酒：喝酒

买交腻啊、送点心之类，[mɑi¹⁴kɔ⁴¹n̪i²²a⁰、soŋ¹⁴tɑi⁴⁴ɕɪŋ⁴⁴ts̩⁴⁴lə?⁰] 交腻：吃饭时下饭的菜肴

工资呢比"三做"悬两倍也怀是=。[koŋ³³ts̩⁴⁴ni⁰pə?⁴"sẽ⁵¹tsɑu⁵¹"gɑi²²⁴n̪ɔ̃⁴⁴bø²²a⁰m²²z̩²²] 怀是=：不止

有一个"三做"很怀满意，[u¹⁴ə?⁴gə?⁰"sẽ⁵¹tsɑu⁵¹"hɐŋ¹⁴m²²mẽ¹⁴i⁵¹] 怀：不

讲讲念讲：[kɔ̃⁴⁴kɔ̃⁴⁴nɑi²²kɔ̃¹⁴] 讲讲念讲：唠叨

我那做做死，[uɔ¹⁴na⁰tsɑu⁴⁴tsɑu⁴⁴s̩¹⁴] 那：语气词，强调

伊那爽爽死。[i¹⁴na⁰sɔ̃¹⁴sɔ̃¹⁴s̩¹⁴]

主侬家听爻以后啊，[tɕy¹⁴noŋ³²³ko⁴⁴tʰiẽ⁴⁴a⁰i¹⁴ɔ²²a⁰] 爻：助词，表完成

就宿一个六月天煞顶热个时节试试伊，[ziəu²²sə?⁴iə?⁴gə?⁰lə?⁴n̪iə?⁴tʰĩ⁴⁴sə?⁴tɪŋ¹⁴n̪iə?⁴gə?⁰z̩²²⁴tsə?¹⁴s̩⁵¹

s̩⁵¹i¹⁴] 宿：在；六月天：夏天；煞顶热：非常热

驮一个晋漆骸盂屉，[dɑu²²ə?⁴gə?⁰tɕɪŋ⁴⁴tɕʰiə?¹⁴kʰɔ⁵¹u²¹tʰɑi⁵¹] 驮：拿；晋漆：一种产于山西的生漆，是漆家具的上品；

骸盂屉：洗脚盆

园太阳下底晒。[kʰɔ̃⁴⁴tʰa¹⁴iɔ̃³²³ho⁵¹tɑi¹⁴so⁵¹] 园：放；下底：下面

"三做"事干做完，["sẽ⁵¹tsɑu⁵¹"z̩²¹kẽ⁵¹tsɑu⁴⁴uẽ⁴⁴] 事干：事情

望也怀望，[ŋɔ̃⁵¹a⁰m²²ŋɔ̃⁵¹]

只管自个自走归去。[ts̩¹⁴kuẽ¹⁴sə?⁴kə⁵¹z̩²²tsɔ¹⁴kø⁴⁴i⁰] 自个自：自顾自；走归：回家

"二做"望着了讲一句：["n̪i⁵¹tsɑu⁵¹"ŋɔ̃⁵¹dy⁰lə?⁰kɔ̃¹⁴iə?⁴tɕy⁵¹]

这何物侬啊，[tsəʔ⁴gəʔ²m¹⁴noŋ³²³aº] 何物侬：什么人

骹盂屉园岩太阳下底晒？[kʰɔ⁵¹u²¹tʰai⁵¹kʰɔ⁵¹dɔ²²tʰa¹⁴iɔ³²³ho¹⁴tai¹⁴so⁵¹] 园岩：放在

晒怀得那。[so⁵¹m²²tiəʔ⁴naº]

讲好呢也就管自个自走归去了。[kɔ⁴⁴hau¹⁴niºaºziəu²²kuẽ¹⁴səʔ⁴kø⁵¹zŋ²²tsɔ⁴⁴kø⁴⁴iºləʔº]

这"头做"每次事做好啊统是勒尾个走归。[tsəʔ⁴"dɔ²²tsau⁵¹"mai¹tsʰŋ⁵¹çiəʔ⁴tsau⁴⁴hau¹⁴aºtʰoŋ¹⁴zŋ²²ləʔ⁴
mø¹⁴kø⁵¹tsɔ⁴⁴kø⁴⁴] 勒尾个：最后一个

也统望望望有何物事落也冇，[aºtʰoŋ¹⁴ŋɔ⁵¹ŋɔ⁵¹ŋɔ⁵¹u¹⁴gəʔ²m¹⁴saºla⁵¹aºmau⁵¹] 统望望：到处看看

拨伊搕底去爻。[pəʔ⁴i¹⁴kʰəʔ⁴ti¹⁴iºaº] 拨：把；搕：捡，拾

这望着骹盂屉园太阳下底晒啊，就拨驮底爻园好。[tsəʔ⁴ŋɔ⁵¹dyºkʰɔ⁵¹u²¹tʰai⁵¹kʰɔ⁵¹tʰa¹⁴iɔ³²³ho¹⁴tai¹⁴so⁵¹
aº，ziəu²²pəʔ⁴dau²²ti¹⁴aºkʰɔ⁵¹hau¹⁴] 底：屋里

那么大家侬食糜个时节呢，伊主侬家讲那：[na⁴⁴məʔ⁴da³³ko⁴⁴noŋ²¹çi³³mẽ⁴⁴gəʔºzŋ²²tsəʔ¹⁴niº，i¹⁴tçy¹⁴
noŋ³²³ko⁴⁴kɔ⁵¹naº] 食糜：吃饭

尔自勒那日日讲工资何物侬盒˞何物侬少，[ŋ¹⁴dzŋ²²ləʔ²naºȵiə⁴ȵiə²kɔ¹⁴koŋ³³tsŋ⁴⁴gəʔ²m¹⁴noŋ³²³ha⁵¹gəʔ²
m¹⁴noŋ³²³tçiəu¹⁴] 尔自勒：你们；盒˞：多

何物侬爽何物侬怀爽，[gəʔ²m¹⁴noŋ³²³sɔ¹⁴gəʔ²m¹⁴noŋ³²³m²²sɔ¹⁴]

尔望，这骹盂屉园太阳下底晒，[ŋ¹⁴ŋɔ⁵¹，tsəʔ⁴kʰɔ⁵¹u²¹tʰai⁵¹kʰɔ⁵¹tʰa¹⁴iɔ³²³ho¹⁴tai¹⁴so⁵¹] 尔望：你看，你们看

"头做"呢怀用吩咐就拨骹盂屉收底爻了，["dɔ²²tsau⁵¹"niºm⁴⁴ioŋ²²feŋ⁴¹fu⁵¹ziəu²²pəʔ⁴kʰɔ⁵¹u²¹tʰai⁵¹
çiəu⁴⁴ti¹⁴aºləʔº]

尔"二做"呢也晓得讲一句，[ŋ¹⁴"ȵi⁵¹tsau⁵¹"niºaºsa¹⁴tiəʔ⁴kɔ¹⁴iəʔ⁴tçy⁵¹] 晓得：知道

"三做"呢讲也没得讲，["sẽ⁵¹tsau⁵¹"niºkɔ¹⁴aºməʔ⁴tiəʔ⁴kɔ¹⁴] 没得：不知道

也没得拨挈底去爻。[aºməʔ⁴tiəʔ⁴pəʔ⁴tçʰiəʔ⁴ti¹⁴iºaº] 挈：提

尔也□那值了"三做"，[ŋ¹⁴aºçiəʔ⁴naºdziə²²ləʔº"sẽ⁵¹tsau⁵¹"] □那：只有；值：价值

□大家侬有意见了罢。[tso¹⁴da³³ko⁴⁴noŋ²¹mau²²i¹⁴tçĩ⁵¹ləʔºbaº] □："这下"的合音，现在

头做二做三做

　　今天我给大家讲个故事，名叫"头做二做三做"。以前有户富裕人家叫了几个长工，分"头做、二做、三做"三等。"三做"的工资最低；"二做"的工资比"三做"高一些；"头做"的工作比较多，主人家把什么事都交给"头做"管，比如陪客人喝酒、买菜、送点心等，"头做"的工资也比"三做"高两倍不止。有一个"三做"对此不满意，念叨说："我干死，他爽死！"主人家听到后，就在六月

天气最热的时候试他们，把一个晋漆脚盆放在太阳底下晒。"三做"干完活，看也不看，只管自己回家了。"二做"看见了，说了一句："这什么人啊，把脚盆放在太阳底下晒？晒不得啊。"说完也只管自己回家了。"头做"每次干活都是最后一个回家，回家前也总是要看看有没有落下什么东西，并收拾回来。看见脚盆在太阳底下晒，"头做"就把它拿回来放好。大家吃饭时，主人家就说了："你们天天说谁工资多谁工资少，谁爽谁不爽。你看，脚盆放在太阳下晒，'头做'不用吩咐，就把脚盆收起来。'二做'还知道说一句。'三做'呢，不但不把脚盆收起来，连说都没有说一句，你也只配做'三做'。现在大家没意见了吧？"

（方伟群讲述）

因果报应 [ŋ⁴⁴ku¹⁴pɑu¹⁴ŋ⁵¹]

老早，[lɔ⁴⁴tsɔ¹⁴] 老早：很久以前

有一个农民啊，岁很大了才生一个囝。[u¹⁴iəʔ⁰gəʔ⁰noŋ²²miŋ²¹aʔ⁰，sø⁵¹hɐŋ¹⁴to⁵¹ləʔ⁰dzia²²sẽ⁴⁴iəʔ⁴kø⁵¹

   tɕĩ¹⁴] 岁：年纪；囝：儿子

对伊啊□不得值钱，[tø⁵¹i¹⁴aʔ⁰lɑu¹⁴puʔ⁵¹tiəʔ²⁴təʔ⁰zɿ²²⁴] 伊：他；□不得：忍不住；值钱：宠爱

使伊养成了好食又懒做个习惯。[sɿ⁴⁴i¹⁴iɔ¹⁴zɿŋ³²³ləʔ⁰hɑu¹⁴zi³²³iəu²²lẽ¹⁴tsɑu⁵¹gəʔ⁰səʔ⁴kuẽ⁵¹] 个：的

这个囝呢脾气差闷差，[tsəʔ⁴gəʔ⁰tɕĩ¹⁴ni⁰biʔ²²tsʰɿ⁵¹tsʰo³³mɐŋ⁰tsʰo⁴⁴] 差闷差：很差

宿处底伊那怀怀顺心，[səʔ⁴tɕʰiəʔ²⁴ti¹⁴i¹⁴naʔ⁰m²²m²²zioŋ³³ɕiŋ⁴⁴] 宿：在；处底：家里；那：语气词，强调；怀：不

就对老阿伯拳拍骹踢。[ziəu²²tø⁵¹lɔ¹⁴aʔ⁰pa⁵¹guɐŋ²²⁴pʰa⁵¹kʰɔ⁴⁴tʰiəʔ⁴] 阿伯：父亲；拳拍骹踢：拳打脚踢

到大起来，[tɔ⁴⁴do²²tsʰɿ⁰li⁰] 大起来：长大成人

伊个囝成家以后，[i¹⁴gəʔ⁰tɕĩ¹⁴zɿŋ²²kɔ⁴⁴i²²ɔ²¹]

也乐老侬家帮伊将家养眷。[a¹⁴ŋɔ⁵¹lɔ⁴⁴noŋ²²koŋ⁴⁴pɔ⁴⁴i¹⁴tɕiɔ³³kɔ⁴⁴iɔ¹⁴tɕỹ⁵¹] 乐：要；老侬家：老人；将家养眷：养家

后来啊，[ɔ⁴⁴li¹⁴aʔ⁰]

老侬家老了，[lɔ⁴⁴noŋ²²koŋ⁴⁴lɔ¹⁴ləʔ⁰]

做怀动了，[tsɑu⁵¹m¹⁴toŋ⁵¹ləʔ⁰]

又瘫痪倒这眠床里啊，[iəu²²tʰẽ⁴⁴hoŋ⁴⁴tɑu¹⁴tɕiəʔ⁰mĩ²²iɔ²²⁴li⁰aʔ⁰] 倒：躺；眠床：床

甚至连食糜遗屎呢统叫别侬照顾，[ɕiŋ⁴⁴tsɿ⁵¹lĩ²²sɿ⁴⁴mẽ⁴⁴lo²²sa¹⁴ni⁰tʰoŋ¹⁴tɕiəu⁵¹bəʔ²noŋ²²tɕiəu¹⁴ku⁵¹] 食糜：

   吃饭；遗屎：拉屎；别侬：别人

这对一份侬家囝来讲真真是雪上加霜。[tɕiə ʔ⁴tø⁵¹iə ʔ⁴vɐŋ²²noŋ²²ko⁴⁴tɕĩ¹⁴li²²kɔ̃¹⁴tɕiŋ³³tɕiŋ⁴⁴zŋ²²ɕiə ʔ⁴ɕiɔ̃⁵¹ko³³ɕiɔ̃⁴⁴] 一份：一个，一户；侬家囝：农家

伊个囝宿处底啊十分个淘气。[i¹⁴gə ʔ⁰tɕĩ¹⁴sə ʔ⁴tɕʰiə ʔ⁴ti¹⁴a⁰zə ʔ³fɐŋ⁴⁴gə ʔ⁰dɔ²²tsʰŋ⁵¹] 淘气：生气

有一日啊，[u¹⁴ə ʔ⁰n̩iə ʔ²a⁰]

伊婪ᵈ 来一堂簟笮拨一条扁担，[i¹⁴lɑu¹⁴li⁰iə ʔ⁴dɔ̃²¹tai⁴⁴lo⁴⁴pə ʔ⁴iə ʔ⁴diəu²¹pĩ¹⁴tẽ⁵¹] 婪ᵈ：寻找；堂：量词，指成对或成套的东西；簟笮：笮筐；拨：跟、和

拨老侬家呢囩这簟笮里，[pə ʔ⁴lɔ⁴⁴noŋ²²ko⁴⁴ni⁰kʰɔ̃⁵¹tɕiə ʔ⁰tai⁴⁴lo⁴⁴li⁰] 拨：把；囩：放

也叫来自个像大侬个囝相帮，[a¹⁴tɕiəu⁵¹li⁰sə ʔ⁴kø⁵¹ɕiɔ̃¹⁴to⁴⁴noŋ¹⁴gə ʔ⁰tɕĩ¹⁴ɕiɔ̃³³pɔ̃⁴⁴] 大侬：大人；相帮：帮忙

拨伊老阿伯抬到一个青山下去。[pə ʔ⁴i¹⁴lɔ¹⁴a⁰pa⁵¹dø¹⁴tɔ⁵¹iə ʔ⁴gə ʔ⁰tɕʰiŋ³³sẽ⁴⁴o²²kʰə ʔ⁴]

□冇侬望着个时节就拨伊囩囩着爻了，[tʰo¹⁴mɑu⁴⁴noŋ³²³ŋɔ̃⁵¹dy⁰gə ʔ⁰zŋ²²tsə ʔ¹⁴ziəu²²pə ʔ⁴i¹⁴kʰɔ̃⁵¹kʰɔ̃⁵¹dy⁰a⁰lə ʔ⁰] □：趁；冇侬：没人；望着：看见

怀管伊个死活。[m²²kuẽ¹⁴i¹⁴gə ʔ⁰sŋ¹⁴uə ʔ⁴]

伊正乐拨老侬家囩着啊望处底走个时节，[i¹⁴tɕiẽ⁵¹ŋo¹⁴pə ʔ⁴lo⁴⁴noŋ²²ko⁴⁴kʰɔ̃⁵¹dy⁰a⁰mə ʔ⁴tɕʰiə ʔ⁴ti¹⁴tsɔ¹⁴gə ʔ⁰zŋ²²tsə ʔ¹⁴] 望处底：往家里；时节：时候

伊个囝，就是老侬家个孙囝，讲：[i¹⁴gə ʔ⁰tɕĩ¹⁴，ziəu²²zŋ²²lɔ⁴⁴noŋ²²koŋ⁴⁴gə ʔ⁰sø⁴⁴tɕĩ¹⁴，kɔ̃¹⁴] 孙囝：孙子

阿爸，阿翁可以莫伊，[a⁰ba²²⁴，a⁰oŋ⁴⁴kʰo¹⁴i⁰mə ʔ⁴n̩i¹⁴] 阿翁：爷爷；莫伊：不要

但是这个簟笮拨扁担我乐带归去 [个哎]，[tẽ⁴⁴zŋ²²tsə ʔ⁴gə ʔ⁰tai⁴⁴lo⁴⁴pə ʔ⁴pĩ¹⁴tẽ⁵¹uɔ¹⁴ŋɔ⁵¹ta⁵¹kø⁴⁴iə ʔ⁰gei⁰]

这古ᵈ尔是这样对阿翁 [个哎]，[tsə ʔ⁴ku¹⁴ŋ¹⁴zŋ²²tɕiə ʔ⁴n̩iɔ̃²²tø⁵¹a⁰oŋ⁴⁴gei⁰] 这古ᵈ：现在

下日等尔那老了，[o⁵¹n̩iə ʔ²tai⁵¹ŋ¹⁴na⁰lɔ²²lə⁰] 下日：以后

也做怀动了，[a²¹tsɑu⁵¹m¹⁴toŋ⁵¹lə⁰]

我乐学尔样，[uɔ¹⁴ŋɔ⁵¹ɑu²²ŋ¹⁴iɔ̃²¹]

带我自个个囝走来，[ta⁵¹uɔ¹⁴sə ʔ⁴kø⁵¹gə ʔ⁰tɕĩ¹⁴tsɔ¹⁴li⁰]

也用这堂簟笮拨扁担，[a¹⁴ioŋ⁵¹tsə ʔ⁴dɔ̃²¹tai⁴⁴lo⁴⁴pə ʔ⁰pĩ¹⁴tẽ⁵¹]

拨尔抬□来，囩这青山下□来爻。[pə ʔ⁴ŋ¹⁴dø²²kʰə ʔ⁴li⁰，kʰɔ̃⁵¹tsə ʔ⁴tɕʰiŋ³³sẽ⁴⁴o²²kʰə ʔ⁴li⁰a⁰]

青山下□：深山老林

这个时节，老侬家个囝啊听了以后啊呆一呆，[tɕiə ʔ⁴gə ʔ⁰zŋ²²tsə ʔ¹⁴，lɔ⁴⁴noŋ²²ko⁴⁴gə ʔ⁰tɕĩ¹⁴a⁰tʰiẽ⁴⁴lə ʔ⁰i⁴⁴o²¹a⁰ŋø²²iə ʔ⁰ŋø²¹]

单下乞伊点醒，[tẽ⁵¹o²²kʰə ʔ⁴i¹⁴tai⁴⁴tsʰẽ¹⁴] 单下：立马，一下子；乞：被

就拼命带自个个团一起又拨老侬家抬□来了啊。[ʑiəu²²pʰɿŋ¹⁴miẽ⁵¹ta⁵¹səʔ⁴kə⁵¹gəʔ⁰tɕĩ¹⁴iəʔ⁴tsʰɿ¹⁴iəu²² pəʔ⁴lɔ⁴⁴noŋ²²ko⁴⁴dø²²kʰəʔ⁴li⁰ləʔ⁰a⁰]

从此以后呢，[dzoŋ²²tsʰɿ¹⁴i⁴⁴ɔ²¹ni⁰]

伊拨伊个团啊对老侬家孝顺闷孝顺，[i¹⁴pəʔ⁴i¹⁴gəʔ⁰tɕĩ¹⁴a⁰tø⁵¹lɔ⁴⁴noŋ²²ko⁴⁴hɔ¹⁴ʑioŋ²¹mɯŋ⁰hɔ¹⁴ʑioŋ²¹]

一直就照顾到伊去世。[iəʔ⁴dʑiəʔ²ʑiəu²²tɕiəu¹⁴ku⁵¹tɔ⁵¹i¹⁴tɕʰy¹⁴sɿ⁵¹]

再后来啊，[tsəʔ⁴ɔ²²li²²a⁰]

这个侬啊岁大起来了啊，[tsəʔ⁴gəʔ⁰noŋ²²⁴a⁰sø⁵¹do²²tsʰɿ⁰li⁰ləʔ⁰a⁰] 岁大：年迈，岁数变大

做事干也做怀动了啊，[tsau¹⁴zɿ²¹kẽ⁵¹a⁰tsau⁵¹m̩¹⁴toŋ⁵¹ləʔa⁰] 事干：事情

也中风瘫这眠床里爻，[a¹⁴tsoŋ⁴⁴hoŋ⁴⁴tẽ⁴⁴tɕiəʔ⁰m̃²²iɔ̃²¹li⁰a⁰] 眠床：床

伊个团同样十分个孝顺。[i¹⁴gəʔ⁰tɕĩ¹⁴doŋ²²iɔ̃²²zəʔ³feŋ⁴⁴gəʔ⁰hɔ¹⁴ʑioŋ²¹]

伊一个啊优良家风就这样一代一代传来，[i¹⁴iəʔ⁴gəʔ⁰a⁰iɑu⁴⁴liẽ²¹ko³³hoŋ⁴⁴ʑiəu²²tɕiəʔ⁴n̩iɔ̃²²iəʔ⁴dø²²iəʔ⁴ dø²²dzɿ̃²²lai¹⁴]

成为地方上大家侬统统许力个好榜样。[zɿŋ²²uai²¹di³³hɔ̃⁴⁴ɕiɔ⁵¹da³³ko⁴⁴noŋ²¹tʰoŋ⁴⁴tʰoŋ¹⁴ɕy¹⁴liəʔ⁴gəʔ⁰ hɑu⁴⁴pɔ̃¹⁴iɔ̃⁵¹] 大家侬：大家，人们；许力：夸奖

因果报应

很久以前，有一个农民，年纪很大才生了一个儿子，因此对儿子十分疼爱，使儿子养成了好吃懒做的习惯。这个儿子脾气很差，在家里，一有不顺心的地方就对父亲拳打脚踢。儿子长大成人后，父亲还要帮儿子养家。后来，父亲老了，干不动了，又瘫痪在床，吃喝拉撒都要人照顾，对于一户普通农家而言简直是雪上加霜。老人的儿子对此十分气恼。有一天，这个儿子找来一对箩筐和一条扁担，把老父亲放到箩筐里，叫来自己将要成人的儿子帮忙。他们把老父亲抬到一个荒山脚下，趁没人看见的时候把老父亲扔在那儿，不管他的死活。正在这个儿子把老父亲丢在那儿往回走的时候，他的儿子，也就是老人的孙子，说："爸爸，爷爷可以不要，但是箩筐和扁担我要带回去，现在你这样对爷爷，将来等你老了，也干不动了，我也要学你的样子带我自己的儿子用这对箩筐和这条扁担把你抬到这里，放在这个荒山脚下。"这个儿子听了自己儿子的话呆了一下，立马清醒过来，就拼命带着自己的儿子一起又把老父亲抬回了家中。从此以后，这个儿子就和自己的儿子一起对老父亲尽孝，一直照顾老父亲，直到他去世。再后来，这个儿子年岁也大了，也中风瘫痪在床，他的儿子同样十分孝顺。他们家的优良家风就这样一代一代传下来，成为当地人称赞的榜样。

（郑莉莉讲述）

我和蛮话的缘分始于 2011 年。因蛮话的归属和性质在学界引发了很大的争议，但是并没有人做过全面深入的研究，因此我选择了蛮话作为我的博士学位论文研究对象。第一次跟随导师下到苍南芦浦做方言调查时，除了蛮话入声韵大规模合并的特点让我印象深刻外，芦浦的肉饭也成了难以磨灭的记忆。2017 年 6 月，"语言方言文化调查·浙江苍南"项目立项，让我重新和蛮话紧密相连。

该项目能够立项，离不开苍南县蛮话文化研究发展中心的推动。由吴学义会长领导的苍南县蛮话文化研究发展中心也非常重视该项目，在得知立项后第一时间召开了动员大会并分配了任务。在大家的举荐下，章小和老师担任了项目的主要发音人，林维斌、颜逸昌、黄孟广、王斌、吴学义、方培根、杨勇、谢作庆、章乃安等老师从旁协助调查并校对。因之前对蛮话方言的语音有一定的了解，我在音系确定方面比较有经验。但是典藏项目侧重文化词条的记录和描写，对于没有词典编纂经验且生活阅历较浅的我而言，在解释词条时就有点费力。幸亏有陶寰老师主编的《蛮话词典》作为参考，很大程度地减轻了我的压力。但即使是这样，针对个别词条，大家还是会有不同的意见，比如"供桌"和"龙桌"的词条解释，大家就争执不下，最终还是通过询问不同的蛮话人才确定的。

在纸笔调查的过程中，我还发现新科技给调查带来的便利，那就是通过微信进行核查。当然这也得益于我们的主要发音人章小和老师，他不仅是个见多识广的人，也是紧跟时代脚步的科技达人。他手机用得很溜，完全不输于当下的年轻人。

完成纸笔调查之后，我们根据调查手册的框架制订了音像资料收集的具体计划，那就是根据节日摄像的同时拍摄词条相应的照片。因此 2018 年这一年，每到节日，我必然与蛮话文化研究发展中心的成员们相聚一堂。他们帮忙安排拍摄的地点，协调接待的人员，拍摄之余还要帮忙寻找可以找到文化词条的拍摄地点。在他们的帮助下，我们的资料收集井然有序，我这外地人不至于像无头的苍蝇到处乱撞，也无需期待要通过不断的偶遇才能拍摄到想要的对象。不过由于丧葬活动涉及隐私及信俗，因此对于我们而言，丧葬活动的调查难度很大，要想搜集到实态材料实属不易。但最终，我们还是克服了种种困难，交出了一份令人比较满意的答卷。

每次结束拍摄，大家还会聚在一起讨论心得。有许多东西，即使是本地人也很少见到，因此每当遇见一件有点历史的物件，大家都十分兴奋，纷纷畅谈过往。每当这时候，我想大家的内心一定充满着对过往美好时光的无限怀念。

10-2 ◆ 2018 年 6 月 18 日，于苍南钱库镇文化调查

10-3 ◆ 2019 年 7 月 27 日，于苍南钱库镇核对词条

　　这个项目也让我对蛮话有了更为深刻的认识，而不仅仅只是停留在语音层面。因为对语言背后的文化有了深入的接触和了解，再加上对蛮话和温州话的对比，我更加能体会蛮话为何发展为现在的蛮话了。

　　在项目接近尾声的时候，吴学义会长总是会开玩笑地说，如果我再待一段时间，肯定会说蛮话，成为一个地道的蛮话人。可不是吗？每当蛮话文化研究发展中心的人用蛮话讨论问题时，我都会不自觉地用带有蛮话腔的不地道方言参与讨论；每当他们说到某一习俗时，若我能发表见解，他们都会被震惊到。对于我本人来说，这种经过深入的田野调查所得到的语料和体验，是普通的方言调查所不能获得的。

潘悟云 1992 苍南蛮话，《温州师范学院学报（哲学社会科学版）》第 4 期。

陶寰 2015 《蛮话词典》，中西书局。

温端政 1991 《苍南方言志》，语文出版社。

徐丽丽 2014 《蛮话音韵研究》，清华大学博士学位论文。

杨勇 2014 《蛮话方言史》，上海社会科学院出版社。

郑张尚芳 1984 平阳蛮话的性质，《方言》第 2 期。

郑张尚芳 2008 《温州方言志》，中华书局。

1. 索引收录本书"壹"至"捌"部分的所有条目，按条目音序排列。"玖"里的内容不收入索引。

2. 条目首字如是《现代汉语词典》（第7版）未收的字、方框"□"，统一归入"其他"类，列
   在索引最后，并标出整个词的音。

3. 条目中如有方框，在后面标出整个词的音。

4. 每条索引后面的数字为条目所在正文的页码。

中国语言文化典藏

中国语言文化典藏

中国语言文化典藏

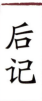

后记

　　本书是"语言方言文化调查·浙江苍南"的结项成果，该项目于2017年6月立项，历时两年半，顺利结项。当地的蛮话文化研究发展中心致力于本地方言文化的保护和传承，出于对蛮话方言文化的热爱，不断跟语保中心联系、沟通，最终促成"语言方言文化调查·浙江苍南"项目的立项。在承接这一项目之前，我的心里非常没底，虽然博士学位论文做的是蛮话音韵的研究，但是该项目更侧重于对民俗文化的描写和记录，因此刚开始我并不敢承接。但感动于蛮话人对自己方言文化的热忱之心，以及蛮话文化研究发展中心吴学义会长的一再诚挚邀请，于是我怀着忐忑的心情接下了这一项目。

　　立项之后，因项目不仅涉及方言调查，也涉及吃穿住行、婚丧嫁娶等方方面面的影像资料的收集，所以我们马上于蛮话文化研究发展中心召开了一次动员会议，之后就开始进行纸笔调查。因之前在蛮话文化研究发展中心的推动下，由复旦大学陶寰教授主编的《蛮话词典》已经出版。有了该词典作为参考，我们的词条调查就相对轻松一些。在纸笔调查的基础上，按照节日的时间顺序进行资料的收集，因此，我们过上了逢节就要下乡的生活。后来在当地摄影爱好者的支持和参与下，我们的影像资料更加地丰富和有质量。时间匆匆，转眼到了项目结束、书稿成形的时候。回顾这两年半的历程，酸甜苦辣纷纷涌上心头。但是，不管怎样，我们还是顺利地完成了项目，在此要感谢给予我们帮助和支持的人。

　　首先，要感谢由吴学义会长带领的蛮话文化研究发展中心的全体成员，尤其是吴会长。在吴会长的协调下，我们最大限度地调用了当地的各种资源，大大降低了项目原有的难度。

其次，要感谢我们的各类发音人，尤其是主要发音人章小和老师。章老师热爱当地文化，紧追时代脚步，知识面很广，能很好地配合调查，且了解调查意图，是难得的发音合作人。

再次，要感谢黄孟广、谢作庆、章乃安、王乃亨、陈文苞、颜逸昌、林维斌、方培根、杨勇、章志聪等老师在调查过程中对各类材料的把关，感谢王斌、黄昊挺、鲍益干等老师提供了大量的词条照片。

此外，还要感谢温州大学提供的研究平台，感谢项目组成员的辛苦付出，感谢家人对我的支持。

最后，要感谢本书主编、执行编委对本书质量的把关，感谢责任编辑、出版社和排版公司的辛勤付出。

《中国语言文化典藏·苍南》一书虽已完成，但仍然不够完美，如有机会，还想进行进一步的完善。在调查的过程中，我们深刻地感受时不我待。方言在濒危，文化在消失，很多东西都已经消逝在时间的长河里。因此我们要抓紧时间，尽力保存方言文化。

徐丽丽

2019 年 6 月 29 日

于温州大学

图书在版编目（CIP）数据

中国语言文化典藏.苍南/曹志耘，王莉宁，李锦芳主编；
徐丽丽著.—北京：商务印书馆，2022

ISBN 978-7-100-21519-0

Ⅰ.①中… Ⅱ.①曹…②王…③李…④徐… Ⅲ.①闽语
—方言研究—苍南县 Ⅳ.①H17

中国版本图书馆 CIP 数据核字（2022）第 145496 号

中国语言文化典藏·苍南

曹志耘　王莉宁　李锦芳　主编

徐丽丽　著

———————————————————————

商务印书馆出版
（北京王府井大街 36 号　邮政编码 100710）
商务印书馆发行
南京爱德印刷有限公司印刷
ISBN 978-7-100-21519-0

———————————————————————

2022 年 12 月第 1 版
2022 年 12 月第 1 次印刷
开本：787×1092　1/16
印张：21½

定价：280.00 元